Xiaomi Redmi Note 9 / 9 Pro / 9S

Für Einsteiger ohne Vorkenntnisse

Verlag:
BILDNER Verlag GmbH
Bahnhofstraße 8
94032 Passau

http://www.bildner-verlag.de
info@bildner-verlag.de

ISBN: 978-3-8328-0464-0
Bestellnummer: 0488

Autorinnen: Daniela Eichlseder, Anja Schmid
Herausgeber: Christian Bildner

Druck: Digital Print Group, Neuwieder Straße 17, 90411 Nürnberg

Bildquellen:
Cover: ©WavebreakMediaMicro - stock.adobe.com
Seite 96 oben: ©olezzo - stock.adobe.com

Inhaltsverzeichnis

Spickzettel

Vorwort

Wir möchten Ihnen die wichtigsten Einstellungen, Apps und Einsatzmöglichkeiten Ihres neuen Xiaomi Redmi Smartphones vorstellen. Dieses Buch eignet sich sowohl für das Redmi Note 9, das Redmi Note 9S und das Redmi Note 9 Pro. Alle drei Smartphonetypen werden mit dem gleichen Betriebssystem ausgeliefert und sind deshalb in der Handhabung nahezu identisch. Das Redmi Note 9 ist das Günstigste aus der Reihe mit einem minimal kleineren Bildschirm und einem etwas kleineren Funktionsumfang.

Was ist Android?

Android ist das Betriebssystem Ihres Smartphones. Es bildet die Plattform zur Speicherung der Apps und zur Ausführung aller Gerätefunktionen. Hersteller, wie z. B. Samsung, LG, Xiaomi, Sony, Wiko, Google etc., verwenden Android für ihre Smartphones.

Die aktuelle Version ist Android 11. Mit der vorherigen Version, Android 10, beendete Google die Tradition, die Versionen nach Süßwaren zu benennen: Android 9 - Pie, Android 8 - Oreo oder Android 7 - Nougat. Die aktuelle Version wird nicht notwendigerweise allen Geräten zur Verfügung gestellt. Selbst wenn Sie ein neues Gerät gekauft haben, kann dort eine ältere Version von Android installiert sein.

Die Xiaomi Redmi Note 9-Reihe verwendet Android 10, also nicht die neueste Version. Das tut der Funktionalität Ihres Smartphones keinen Abbruch. Bis jetzt sieht es so aus, dass für Ihr Smartphone ein Softwareupdate auf Android 11 im März 2021 zur Verfügung gestellt wird. Was Sie auf jeden Fall erhalten sind Sicherheitsupdates.

Nutzung von WLAN und mobilen Netzen

WLAN steht für Wireless Local Area Network, also ein kabelloses lokales Netzwerk. Für Zuhause haben Sie im Zuge eines Vertragsabschluss mit einem Provider (z. B. Vodafone, Telekom, 1&1 etc.) wahrscheinlich einen Router (Internetzugang über die Telefonleitung) oder ein Kabelmodem (Internetzugang über eine TV-Kabelverbindung) erhalten und eingerichtet. Mit diesem Gerät verbinden Sie Ihr Smartphone, aber auch den Computer, Laptop oder das Tablet und erhalten dadurch eine Verbindung zum Internet. Außerhalb eines WLANs verbindet sich das Smartphone über das Mobilfunknetz mit dem Internet (mobile Datenverbindung).

Datenvolumen in mobilen Netzen

Als Teil Ihres Vertrags für Ihr Smartphone wird Ihnen ein bestimmtes Datenvolumen für den laufenden Monat zur Verfügung gestellt, z. B. 1 GB (ein Gigabyte). Dieses Datenvolumen verbrauchen Sie, wenn Sie **nicht** mit einem WLAN-Netzwerk verbunden sind und im Internet surfen oder WhatsApp verwenden. Sie nutzen dann eine mobile Datenverbindung. Wenn das Datenvolumen aufgebraucht ist, ist die Nutzung der genannten Dienste zwar theoretisch noch möglich, aber praktisch zu langsam, da die Geschwindigkeit von den Anbietern „gedrosselt" wird. Manche Verträge sehen aber auch vor, dass das Datenvolumen für diesen Fall automatisch kostenpflichtig erweitert wird.

Da Ihr Datenvolumen begrenzt ist und Ihr Netzwerk zu Hause in der Regel nicht, sollten Sie manche Dinge lieber im heimischen WLAN erledigen, z. B. Videos bei WhatsApp oder YouTube anschauen, viele Fotos verschicken oder Updates durchführen.

Nützliches Zubehör

Es gibt viele praktische Helfer für das Smartphone; aus diesem Universum haben wir einige ausgewählt, deren Anschaffung Sie bedenken sollten:

Hülle und Displayschutz: Schützen Sie Ihr Smartphone durch eine Hülle vor Schäden. Taschen und Schutzhüllen gibt es in allen Farben und Formen. Daneben gibt es auch Displayschutzfolien, die den Bildschirm gegen Kratzer und Bruch schützen und zusätzlichen Reflexionsschutz bieten können. Das blasenfreie Aufbringen der Schutzfolie kann unter Umständen Schwierigkeiten bereiten. Auf der Rückseite des Redmi Note 9 befindet sich ein Fingerabdrucksensor. Hier sollte in der Hülle eine Aussparung sein, was in der Regel auch so ist, wenn Sie die Hülle passend zum Smartphone kaufen. Das Redmi Note 9S und das Note 9 Pro haben den Fingerabdrucksensor auf der Taste, die das Smartphone ein- und ausschaltet.

Eingabestift: Wenn Ihnen die Fingereingabe über den Bildschirm Probleme bereitet, empfehlen wir einen Eingabestift. Er erleichtert die Auswahl kleiner Symbole enorm. Vorsicht! Auf dem Markt gibt es günstige Eingabestifte mit Metallspitze, die das Display zerkratzen können.

Haltegriff/Handyhalter: An der Rückseite des Smartphones kann zusätzlich ein Griff angebracht werden, der das einhändige Halten des Smartphones erleichtert.

Externer Akku/Powerbank: Auf Reisen hilft ein externer Akku. Wenn gerade keine Steckdose in der Nähe ist, können Sie das Smartphone so wieder aufladen.

Je nachdem, wie Sie Ihr Smartphone hauptsächlich nutzen, gibt es eine Reihe weiterer Hilfsmittel, z. B. Objektive und Stative für Smartphonefotografen, KFZ- und Fahrradhalterung für diejenigen, die mit dem Handy navigieren oder Bluetooth-Lautsprecher bzw. -Kopfhörer für Musikliebhaber.

Über dieses Buch

- Befehle und Bezeichnungen von Schaltflächen sind zur besseren Unterscheidung farbig und kursiv hervorgehoben, zum Beispiel: Öffnen Sie die Smartphone-*Einstellungen* .
- Im Text finden Sie Nummerierungen ❶. Diese beziehen sich in der Regel auf die darunter aufgeführten Bilder. Auf Ausnahmen wird hingewiesen.
- Auf Spickzettel fassen wir wichtige Informationen für Sie zusammen. Eine Auflistung der Spickzettel finden Sie auf Seite 8. Spickzettel erkennen Sie auch an diesem Zeichen ?. Zu den meisten Spickzetteln finden Sie ausführliche Informationen zur beschriebenen Vorgehensweise im selben Kapitel.
- In der Tat gibt es am Smartphone viel einzustellen. Das gilt einmal für das Handy selbst. Die meisten Optionen finden Sie in diesem Fall in der App *Einstellungen* .

  Daneben verfügen auch die einzelnen Apps über einen Bereich für Anpassungen. Dieser wird in der Regel ebenfalls als Einstellungen bezeichnet und auch durch ein Zahnradsymbol visualisiert.

  Deshalb fügen wir zur besseren Unterscheidung für die App *Einstellungen* das Symbol an.
- Wir haben ein Glossar für Sie zusammengestellt. So können Sie, wann immer Sie im Text einen Begriff nicht verstehen, im Glossar nachsehen.

Bedienelemente am Gehäuse

Wenn der Bildschirm schwarz ist, drücken Sie kurz die Funktionstaste, um diesen zu aktivieren.

1 Handy einrichten und loslegen

Wenn Sie Ihr neues Smartphone gerade aus seiner Schachtel befreit haben, dann gibt es jetzt einiges zu tun: SIM-Karte einlegen, Verbindung mit einem WLAN herstellen und Konto einrichten. Vielleicht wurde das alles schon für Sie erledigt, dann können Sie die nächsten beiden Kapitel überspringen und gleich auf Seite 22 fortfahren.

Diese Dinge sollten Sie parat haben, bevor Sie mit der Einrichtung Ihres Smartphones loslegen:

- SIM-Karte
- PIN für die SIM-Karte
- Handynummer
- Name Ihres WLANs und Kennwort
- Benutzername und Passwort für das Google-Konto. Falls Sie eine E-Mail-Adresse wie etwa *beispielname@gmail.com* oder *beispielname@googlemail.com* verwenden, dann haben Sie ein Google-Konto und können diese Adresse während des Einrichtungsprozesses nutzen.

1.1 SIM-Karte einlegen und Einrichtung starten

- Laden Sie den Akku Ihres Smartphones auf. Legen Sie eine SIM-Karte ein. Dazu verwenden Sie den mitgelieferten Schlüssel und stecken diesen auf der linken Seite des Smartphones in das kleine Loch. Dadurch wird der Kartenhalter entriegelt und Sie können diesen entnehmen.

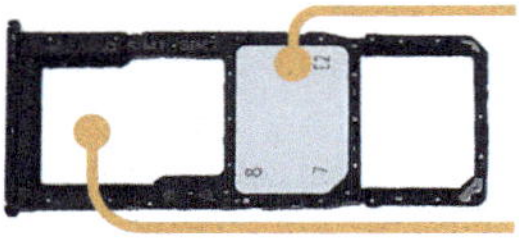

Es können bis zu zwei Nano-SIM-Karten eingelegt werden. Legen Sie in den mittleren Steckplatz Ihre SIM-Karte ein. Die goldene Seite der Karte zeigt nach unten.

Hier kann eine microSD-Karte für mehr Speicherplatz dazugesteckt werden.

Ihr Android-Gerät lässt sich auch vorerst ohne SIM-Karte aktivieren, das Smartphone benötigt dann aber zumindest einen Internetzugang über WLAN.

- Drücken Sie zum Erststart die Funktionstaste länger und geben Sie, wenn erforderlich, Ihre PIN (vierstellige Zahl, die Sie zusammen mit Ihrer SIM-Karte erhalten haben) ein. Tippen Sie auf > und wählen Sie dann Ihre Sprache und Ihr Land aus. Bestätigen Sie mit >.
- *Geschäftsbedingungen*: Sie können die Nutzungsbedingungen und Datenschutzbestimmungen lesen, in dem Sie diese antippen. Über den Pfeil links oben, gelangen Sie wieder zurück zur Übersicht. Stimmen Sie den Geschäftsbedingungen zu, indem Sie den unteren Absatz mit einem blauen Häkchen versehen. Erst dann können Sie fortfahren und auf > tippen.
- *WLAN*: Verbinden Sie Ihr Smartphone mit dem WLAN. Hierzu wählen Sie aus der Liste der vorhandenen Netze das gewünschte aus und geben das Passwort ein. Tippen Sie dann auf *Verbinden*. Nach Verbindungsaufbau wird das Netzwerk blau hinterlegt. Tippen Sie auf >.
- Als Nächstes folgt *Apps & Daten kopieren*. Wir gehen davon aus, dass Sie Einsteiger sind und noch kein Vorgängersmartphone besitzen. Tippen Sie links unten auf *Nicht kopieren*. Wie man Inhalte von einem alten auf ein neues Smartphone überträgt, erfahren Sie auf Seite 149.

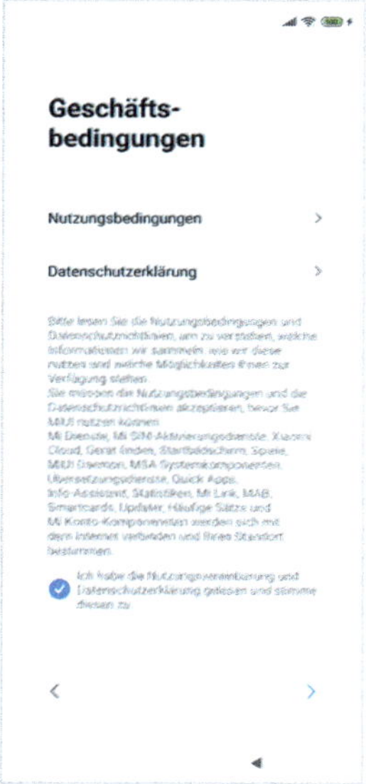

- *Konto hinzufügen*: Über das Google-Konto laden Sie Apps im Play Store herunter oder sichern Ihre Daten online. Falls Sie bereits ein Google-Konto haben, geben Sie zunächst die E-Mail-Adresse ein, tippen auf

Weiter, tragen dann das Passwort ein und tippen erneut auf *Weiter*. Danach müssen durch Anklicken von *Ich stimme zu* die Nutzungsbedingungen von Google akzeptiert werden, um fortfahren zu können. Falls Sie noch kein Google-Konto besitzen, tippen Sie auf *Konto erstellen*. Wie man ein Google-Konto erstellt, erfahren Sie gleich im Anschluss auf Seite 17.

- In den weiteren Schritten werden Sie aufgefordert, einzelne *Dienste* zu aktivieren bzw. deaktivieren. Unter anderem können Sie die Sicherung Ihrer Daten auf *Google Drive* und die *Standortermittlung* (Position des Smartphones wird ermittelt) aktivieren. Viele Apps (Wetter, Google-Suche, Google-Maps, Fahrpläne etc.) nutzen diese Standortinformationen, um Ihnen passgenaue Informationen anzubieten. Mit *WLAN-Suche zulassen* verbessern Sie das Ergebnis der Standortermittlung. Alle Einstellungen, die Sie hier treffen, können nachträglich verändert werden.

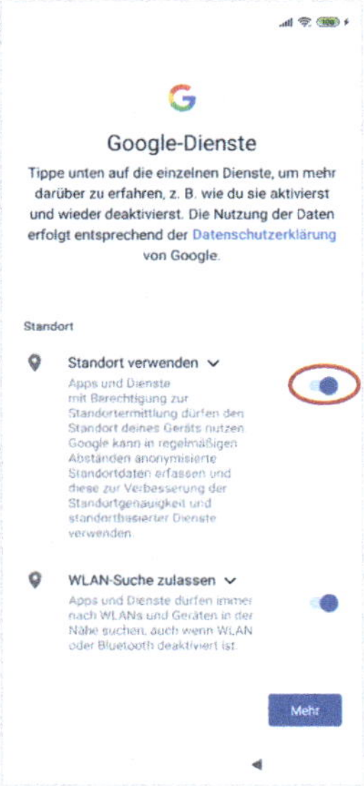

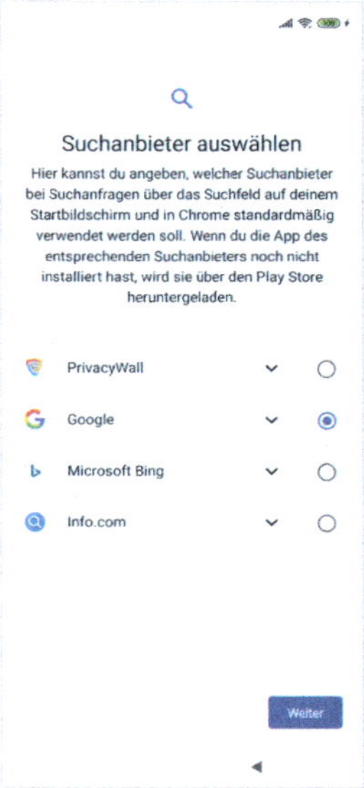

Im Bild links wird der Standort verwendet - der Schalter ist auf Ein.
Im Bild in der Mitte werden keine Nutzerdaten gesendet - der Schalter ist auf Aus.

- Wählen Sie anschließend einen *Suchanbieter* aus, der über das Suchfeld auf Ihrem Startbildschirm und in Chrome standardmäßig verwendet werden soll. Wir schlagen vor, dass Sie hier *Google* antippen und dann mit *Weiter* bestätigen.
- Danach folgt der Google Assistent (Sprachassistent), dem Sie durch Anklicken von *Aktivieren* zusätzliche Informationen für eine bessere Bedienung zur Verfügung stellen. Falls Sie das nicht möchten, tippen Sie auf *Nein danke*. Für Google Pay - also Bezahlen mit dem Smartphone - kann eine Karte hinterlegt werden. Tippen Sie hier auf *Überspringen*.
- Bei *Sonst noch etwas* können Sie gleich einige Funktionen einrichten. Das erledigen wir später. Tippen Sie auf *Nein, danke*.

- Überspringen Sie vorerst die Anmeldung im Mi-Konto (siehe Seite 20).
- Bei *Passwort festlegen* bestimmen Sie die Entsperrmethode Ihres Smartphones, z. B. eine Zahlenkombination, die Sie eingeben müssen, bevor Sie das Smartphone verwenden können. Wir wählen hier zunächst *Diesen Schritt überspringen* aus, damit Sie es nach der Einrichtung leichter haben, das Gerät zu entsperren und etwas Geläufigkeit zu gewinnen. Dennoch sollten Sie unbedingt nachträglich den Geräteschutz aktivieren. Wie das geht, lesen Sie in Kapitel 2 ab Seite 42.

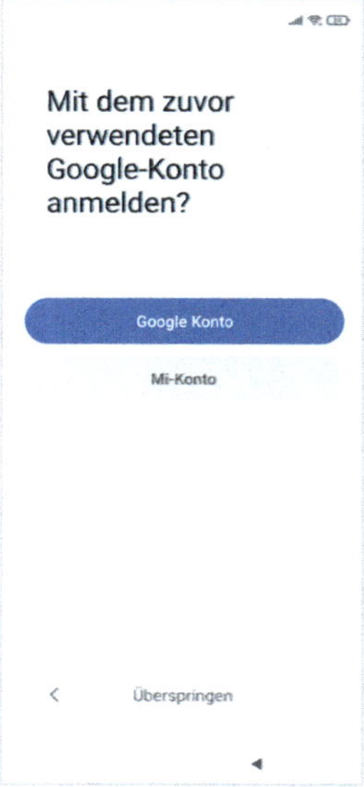

- Danach erhalten Sie eine Liste mit weiteren Einstellungen. Durch Anklicken der blau hinterlegten Schalter deaktivieren Sie diese. Folgende Einstellungen können Sie deaktivieren, wenn Sie möchten: *Programm zur Benutzererfahrung* und *Diagnosedaten automatisch senden*. Tippen Sie dann auf >.

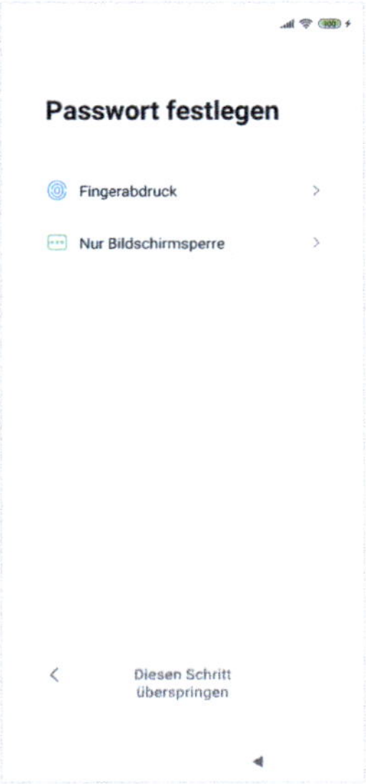

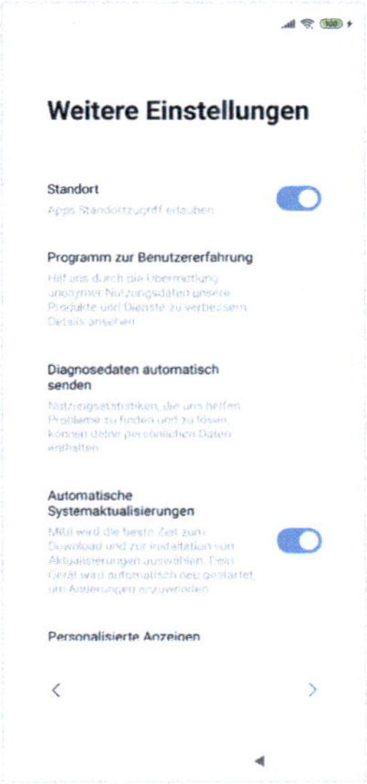

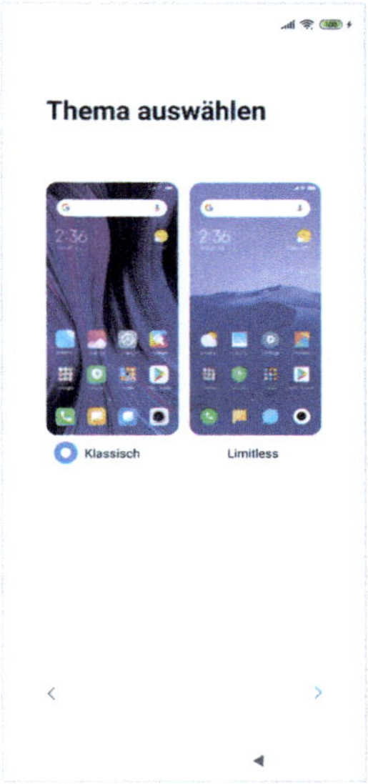

- Auf der nächsten Seite entscheiden Sie über das Aussehen Ihres Startbildschirms (*Thema auswählen*). Belassen Sie das Häkchen auf *Klassisch* und tippen Sie auf >. Die Darstellungen und Erläuterungen in diesem Buch beruhen auf der klassischen Darstellung.
- Jetzt sind Sie am Ende der Einrichtung angelangt. Tippen Sie auf >. Apps werden geladen, das kann einen kleinen Augenblick dauern.

1.2 Das Google-Konto

Ein Android-Smartphone ohne Google-Konto zu verwenden, ist möglich. Allein durch den fehlenden Zugriff auf Google-Dienste wie den Play Store (Herunterladen von Apps) raten wir aber davon ab.

Google-Konto im Einrichtungsprozess erstellen

Sie richten gerade Ihr Smartphone ein und haben noch kein Google-Konto? So geht's:

> Wenn Sie eine E-Mail-Adresse verwenden, die auf eine der folgenden Bezeichnungen endet: @googlemail.com oder @gmail.com, dann haben Sie bereits ein Google-Konto.

1 Klicken Sie im Einrichtungsprozess auf *Konto erstellen* und wählen Sie *Für mich selbst* ❶ aus.

2 Geben Sie Ihren Vor- und Nachnamen ein ❷ und tippen Sie auf *Weiter*. Dann geben Sie Ihr Geburtsdatum und Ihr Geschlecht ein.

3 Im Anschluss werden Vorschläge für verfügbare Mail-Adresse generiert. Falls Ihnen eine der angegebenen Adressen gefällt, wählen Sie diese durch Antippen aus. Wenn Sie genaue Vorstellungen von Ihrer Adresse haben, tippen Sie auf *Gmail-Adresse erstellen* ❸. Geben Sie dann eine neue E-Mail-Adresse ein. Ihre Wunsch-E-Mail-Adresse muss verfügbar sein, d. h. es darf keine andere Person dieselbe Adresse nutzen. Wenn der Nutzername schon vergeben ist, versuchen Sie es mit einer anderen Namensvariation.

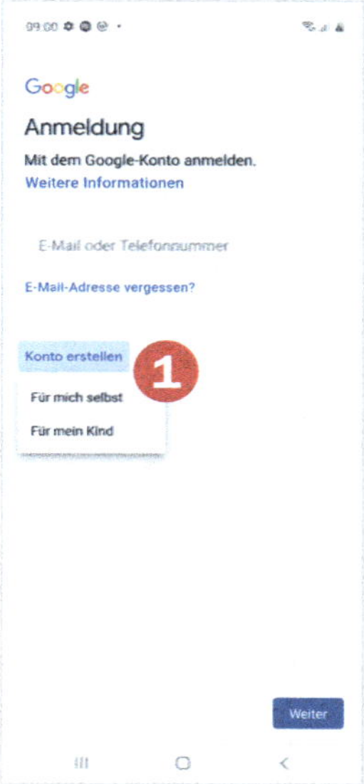

Es ist nicht zwingend erforderlich, Ihren richtigen Namen anzugeben, wenn Sie ein Google-Konto erstellen. Bei manchen Google-Diensten wird der Name öffentlich angezeigt.

4 Geben Sie ein Passwort (Kombination aus Buchstaben, Sonderzeichen und Zahlen) ❹ ein. Notieren Sie schon während des Prozesses Ihre E-Mail-Adresse und Ihr Kennwort.

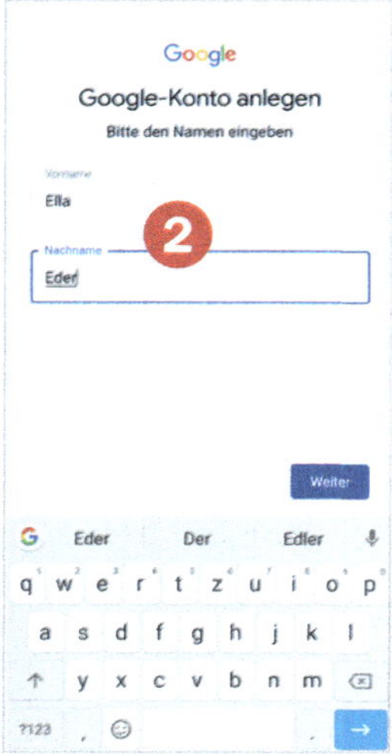

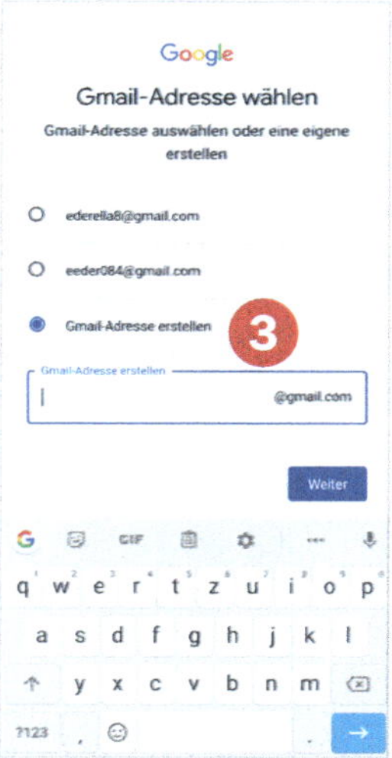

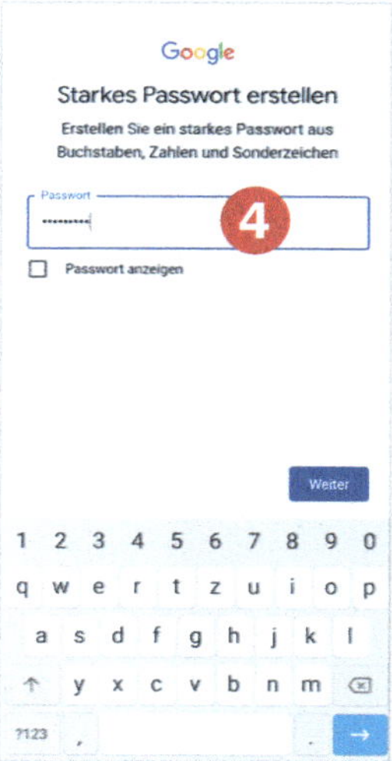

5 Wenn Sie möchten, können Sie Ihre Telefonnummer Ihrem Konto hinzufügen. So können Sie beispielsweise Ihr Passwort zurücksetzen, falls Sie es vergessen haben. Tippen Sie auf *Ja, ich stimme zu* ❺. Tippen Sie bei *Kontoinformationen prüfen* auf *Weiter*.

6 Im nächsten Schritt müssen Sie die Personalisierungseinstellungen festlegen, um Inhalte und Werbung zu erhalten, die auf Ihre Interessen abgestimmt sind. Wählen Sie hier vorerst *Express-Personalisierung (1 Schritt)* ❻. Sie können dies jederzeit unter *www.account.google.com* ändern. Tippen Sie auf *Weiter*.

7 Stimmen Sie den *Einstellungen für Personalisierung und Cookies* zu, indem Sie ganz nach unten scrollen und auf *Bestätigen* tippen.

8 Bestätigen Sie die Nutzungsbedingungen und die Datenschutzerklärung im unteren Bereich mit *Ich stimme zu*.

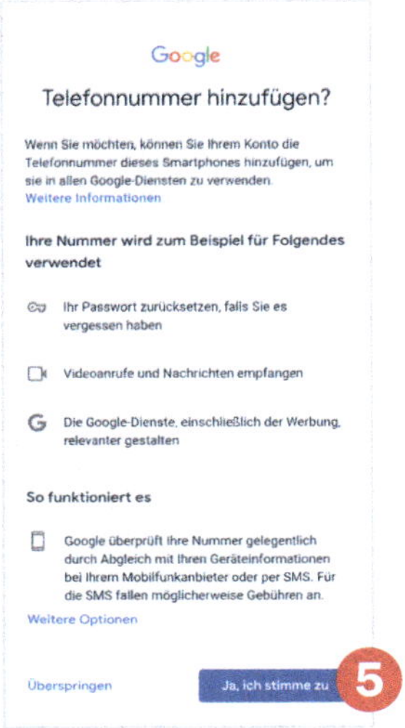

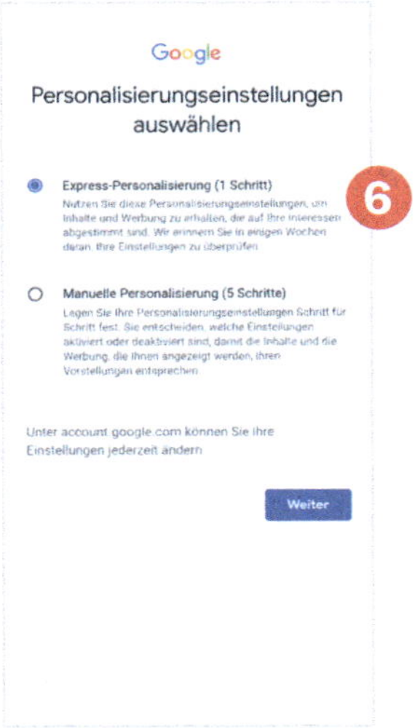

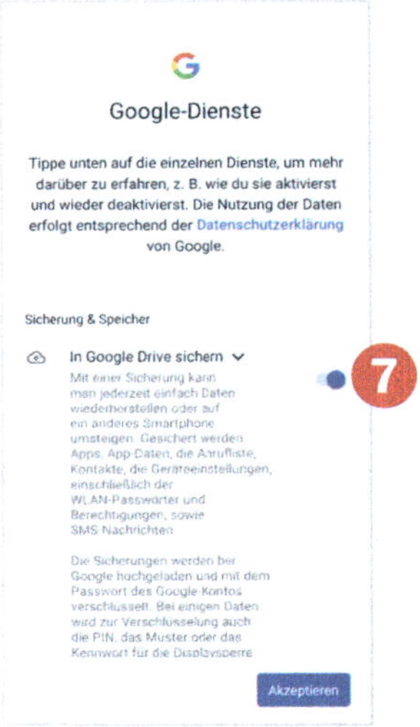

9 Im nächsten Schritt werden Sie aufgefordert, den Dienst *Google Drive* zu aktivieren bzw. deaktivieren ❼. Die Einstellung, die Sie hier treffen, kann nachträglich verändert werden. Google Drive ist ein Cloud-Speicher für Ihre Daten, d. h. ein Teil Ihrer Daten wird in einem Rechenzentrum von Google gesichert. Bei einem Defekt Ihres Smartphones oder beim Umzug auf ein neues Handy haben Sie so Zugriff auf Ihre Daten. Ist der Schalter auf der Position *Ein*, werden Daten an Google übertragen. Wenn Sie das nicht möchten, ziehen Sie den Schalter mit dem Finger auf *Aus*.

10 Tippen Sie abschließend auf *Konto erstellen*.

Google-Konto nachträglich hinzufügen

Normalerweise wird gleich bei der Einrichtung des Smartphones ein Google-Konto erstellt, das ist aber auch noch nachträglich möglich.

- Gehen Sie in die *Einstellungen* Ihres Smartphones und suchen Sie hier den Menüpunkt *Google* ❶ ▸ *Mit Google-Konto anmelden* ❷.
- Im nächsten Fenster tippen Sie auf *Konto erstellen* ❸ und folgen dann den einzelnen Schritten, wie auf Seite 17 beschrieben.

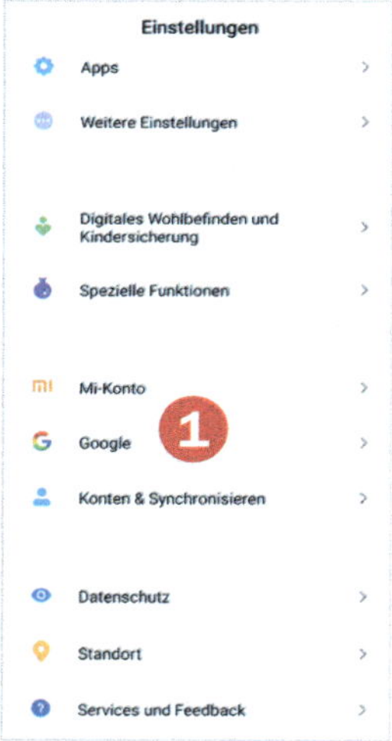

1.3 Mi-Konto einrichten

Sie denken jetzt sicher: Nicht schon wieder etwas einrichten! Muss das sein? Nein, Sie können auch damit warten, bis Sie das Konto benötigen und etwas mehr Geläufigkeit mit dem Smartphone gewonnen haben.

Mit einem Mi-Konto erhalten Sie Zugriff auf die Mi-Cloud, einen externen Speicher. Der interessanteste Dienst, für den Sie das Konto benötigen, ist *Mein Gerät finden*. Wenn Sie Ihr Smartphone verlieren, können Sie es mit diesem Dienst orten. Wie das geht, besprechen wir auf Seite 47.

- Rufen Sie die Einstellungen auf und streichen Sie vertikal von unten nach oben über das Display, um *Mi-Konto* ❶ anzuzeigen.
- Geben Sie Ihre Handynummer ein ❷ (beachten Sie, dass die Eingabe der Ländervorwahl +49 die erste Null der Handynummer ersetzt.) und tippen Sie auf *Weiter*.

- Bestätigen Sie mit *Zulassen* ❸, dass Mi-Konto einen Code an Sie sendet. Sie brauchen diesen Code nicht eingeben, das geschieht automatisch.
- Vergeben Sie ein Passwort ❹. Es sollte aus 8-16 Zeichen bestehen und Zahlen sowie Buchstaben enthalten.

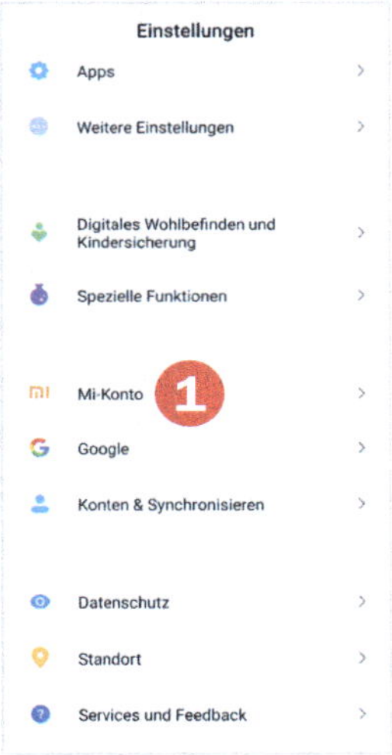

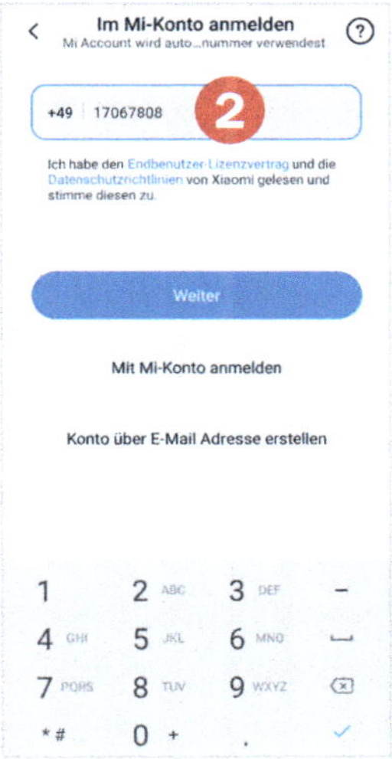

- Gestatten Sie Xiaomi mehrere Berechtigungen (Anrufliste, Fotos, Medien etc.). Tippen Sie auf *Zulassen* ❺.

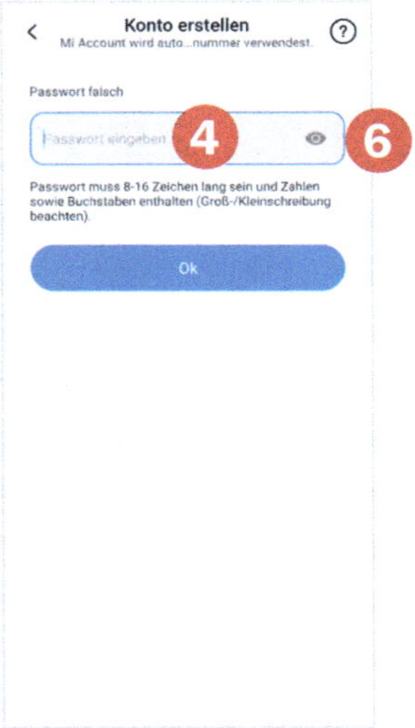

Tipp: Eingetippte Kennwörter werden zu Ihrer Sicherheit nur als Punkte dargestellt. Tippen Sie auf das Auge-Symbol ❻, wenn Sie das Kennwort anzeigen möchten.

1.4 Die Smartphone-Oberfläche

Sperrbildschirm

Der Sperrbildschirm sichert die Daten, die sich auf Ihrem Smartphone befinden, vor einem unerwünschten Zugriff Dritter. Er wird mit einem Passwort, einer PIN, einem Muster oder einer Fingerabdruck- bzw. Gesichtserkennung ausgestattet (siehe ab Seite 42). Zudem hält er Informationen bereit, wie etwa die Anzeige von Datum, Uhrzeit, Akkustand, Benachrichtigungen etc. und verhindert eine ungewollte Bedienung, z. B. in der Tasche.

Verbindungsstatus, Akkustand

Uhrzeit und Datum

Benachrichtigungen: Wenn Sie darauf tippen, erscheint eine Liste mit allen Benachrichtigungen.

Da während des Einrichtungsprozesses kein Geräteschutz aktiviert wurde, reicht es aus, mit dem Finger über den Bildschirm zu streichen, um zum Startbildschirm zu gelangen.

Fernbedienung- und Kamera-App, diese können vom Sperrbildschirm geöffnet werden.

- **Smartphone entsperren:** Ein kurzes Drücken der Funktionstaste zeigt den Sperrbildschirm an, geben Sie dann PIN, Fingerabdruck etc. ein.
- **Smartphone sperren:** Sie haben einen Freund angerufen, jetzt wollen Sie das Smartphone wieder in die Tasche stecken. Schalten Sie den Sperrbildschirm ein. Drücken Sie dazu die Funktionstaste.

Startbildschirm

Wenn Sie den Sperrbildschirm entsperren, gelangen Sie zum Startbildschirm. Er besteht aus mehreren Bildschirmen. Hier finden Sie alle auf dem Smartphone gespeicherten Apps (Anwendungen).

- Sie wechseln zwischen den Bildschirmen durch horizontales Wischen.

Die im unteren Bereich verorteten Apps ❶ (z. B. Telefon oder Kamera) werden auf allen Startbildschirmen angezeigt. Dabei handelt es sich um wichtige Anwendungen, die Sie oft verwenden. Die Aufteilung der Apps auf den verschiedenen Startbildschirmen kann verändert werden und hängt von den persönlichen Vorlieben ab. Lesen Sie dazu mehr auf Seite 55.

Wie viele Startbildschirme zur Verfügung stehen und was gerade ausgewählt ist, sehen Sie bei Bildschirmwechsel ❷: Der zweite Bildschirm rechts vom Startbildschirm wird gerade nicht angezeigt, der Kreis ist grau; der Startbildschirm wird angezeigt, da das Symbol in weiß dargestellt ist.

Navigationsleiste

Am unteren Bildschirmrand wird die Navigationsleiste angezeigt.

Mit der Zurück-Taste kehren Sie wieder zum vorherigen Bildschirm zurück. **Die Taste hilft, wenn Sie einen Bereich wieder verlassen möchten.**

Mit einem kurzen Tippen auf die *Home-Taste* zeigen Sie den Startbildschirm an.

Die *Alle-Apps-Taste* zeigt eine Übersicht aller geöffneten Anwendungen an.

Achtung! Sollte die Navigationsleiste einmal nicht angezeigt werden, wischen Sie vom unteren Bildschirmrand nach oben.

Nachrichten und Unterhaltung in Google Discover

Vom Startbildschirm mit einem Wisch nach rechts wird Google Discover ❶ angezeigt. Hier werden aktuelle Nachrichten zu Politik, Wirtschaft, Sport und weiteren Themen für Sie zusammengefasst.

Google Assistant

Wenn Sie die Home-Taste länger gedrückt halten, startet der Google Assistant ❷. Damit können Sie verschiedene Funktionen per Sprachbefehl ausführen, z. B. "Sende ein Nachricht!", "Stell den Timer auf fünf Minuten!" etc.

Schnell eine Internetsuche starten

Zum Einblenden des Browsers ziehen Sie von unten nach oben vertikal über den Startbildschirm. So starten Sie schnell eine Internetrecherche.

Wem das zuviel Hin und Her ist, kann alle Bereiche deaktivieren. Wie das geht, erfahren Sie auf Seite 59.

So steuern Sie Ihr Smartphone mit Finger oder Stift

Tippen = Öffnen

Einmaliges, kurzes Tippen auf eine App, auf ein Symbol oder einen Menüeintrag ▶ öffnet die App, öffnet ein Auswahlmenü oder zeigt ein Untermenü an.

Tippen und halten = Kontextmenü anzeigen

Tippen und den Finger auf dem Bildschirm bzw. einer App halten ▶ öffnet ein Menü (Kontextmenü), welches Befehle anzeigt, die für das angetippte Element zur Verfügung stehen.

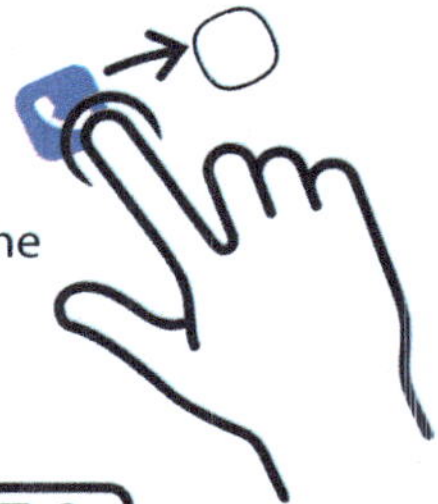

Tippen, halten und ziehen = Verschieben

Das App-Symbol antippen, gedrückt halten und an eine neue Position ziehen ▶ App verschieben.

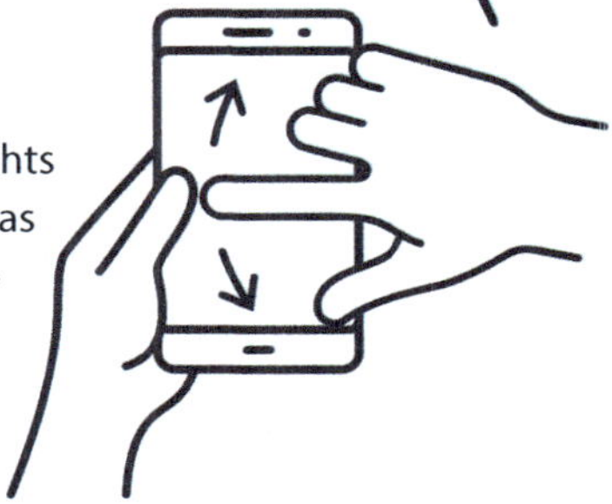

Wischen = Blättern, auch scrollen genannt

Mit dem Finger von unten nach oben bzw. von rechts links und natürlich auch jeweils umgekehrt über das Display streichen ▶ blättern zwischen verschiedenen Seiten oder Bildschirmen.

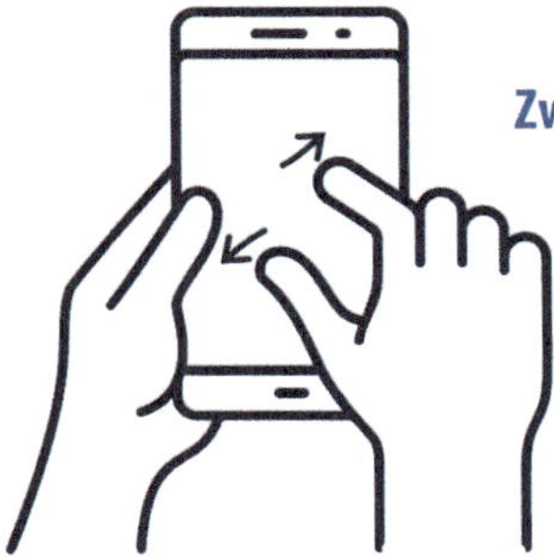

Zwei Finger auseinander ziehen = vergrößern, auch zoomen genannt

Ziehen Sie auf dem Bildschirm zwei Finger auseinander ▶ der angezeigte Inhalt wird vergrößert. Beim Zusammenziehen der Finger wird der Inhalt wieder verkleinert. Das funktioniert nicht für jeden angezeigten Inhalt.

1.5 App anzeigen und wechseln

▶ Zum Öffnen einer App tippen Sie diese auf dem Start- oder App-Bildschirm an.

Meldungen von Apps

Beim ersten Öffnen einer App müssen Sie in der Regel Zugriffsberechtigungen erteilen oder Nutzungsbestimmungen bestätigen. Unten sehen Sie drei Beispiele für typische Meldungen:

- Die App *Fotos* (Google-Anwendung zur Organisation Ihrer geknipsten Bilder) möchte auf Fotos und andere Dateien zugreifen. Diese Berechtigungen sind sinnvoll, damit man mit der App arbeiten kann; tippen Sie auf *Zulassen*. Natürlich kann das nicht für jede App pauschalisiert werden. Sie können einer App allerdings Berechtigungen auch wieder entziehen. Wie das geht, erfahren Sie auf Seite 60.
- Die App *Designs* verlangt die Zustimmung zu den Nutzungsbedingungen. Wenn Sie die Anwendung verwenden möchten, müssen Sie hier *Zustimmen* antippen.
- Im letzten Bild steht für die App *Mi Browser* ein Update zur Verfügung. Mit Antippen von *Aktualisieren* installieren Sie die neueste Version des Internetbrowsers.

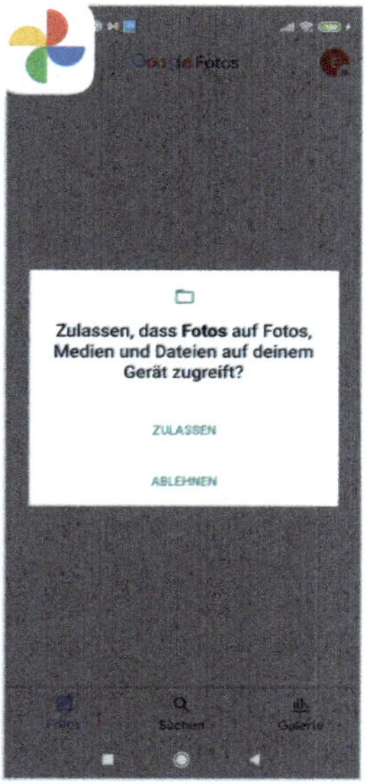

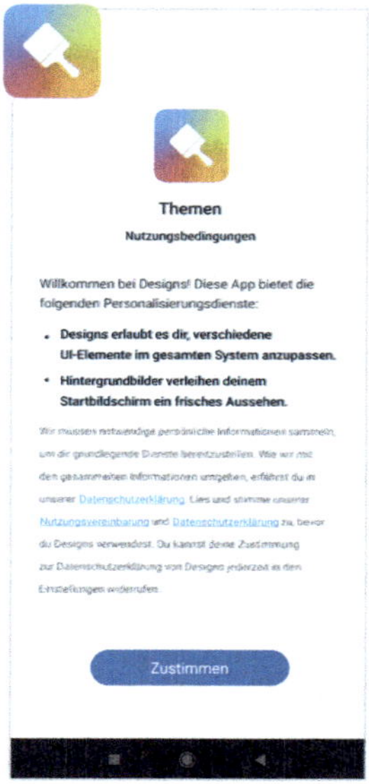

Einstellungen aufrufen

Wenn man ein neues Smartphone hat, ist man die ersten Wochen häufig in der App *Einstellungen*, um das Handy an die eigenen Vorstellungen anzupassen. Deshalb kommen wir auch in diesem Buch immer wieder auf die *Einstellungen* zurück. Damit Sie diese auf jeden Fall finden, hier eine ausführliche Darstellung:

- Wischen Sie vom Startbildschirm nach links.
- Die *Einstellungen* ❶ befinden sich links oben - tippen Sie darauf.
- Die App *Einstellungen* enthält eine Vielzahl von Kategorien von *Mein Gerät* ❷ bis *Services und Feedback* ganz unten. Durch vertikales Wischen verschieben Sie den angezeigten Inhalt.
- Mit Antippen einer Kategorie zeigen Sie deren Inhalt an. Über den Pfeil ❸ links oben oder die Zurück-Taste kehren Sie wieder zur vorherigen Seite zurück.

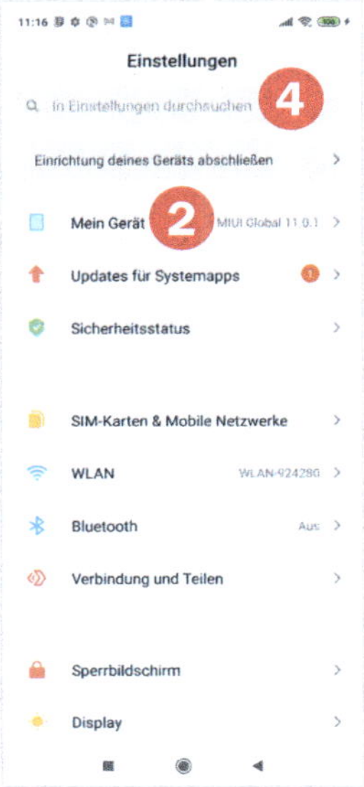

Tipp für Fortgeschrittene: Über die Suchleiste ❹ können Sie innerhalb der App nach Einstellungsoptionen suchen.

Weitere App öffnen und wechseln

Die App *Einstellungen* haben Sie gerade angezeigt. Drücken Sie jetzt auf die Home-Taste zur Anzeige des Startbildschirms und wählen Sie die App *Telefon* durch Antippen aus. Drücken Sie erneut die Home-Taste und öffnen Sie die App *Play Store* .

Sie haben jetzt drei Apps geöffnet, allerdings wird nur die App Play Store angezeigt. Sie wechseln zu einer anderen geöffneten App durch Drücken der Alle-Apps-Taste ❶.

Streichen Sie vertikal ❷ über den Bildschirm, um den angezeigten Ausschnitt zu verändern. Durch Antippen einer anderen App, z. B. Telefon oder Einstellungen, wird diese wieder am Bildschirm angezeigt.

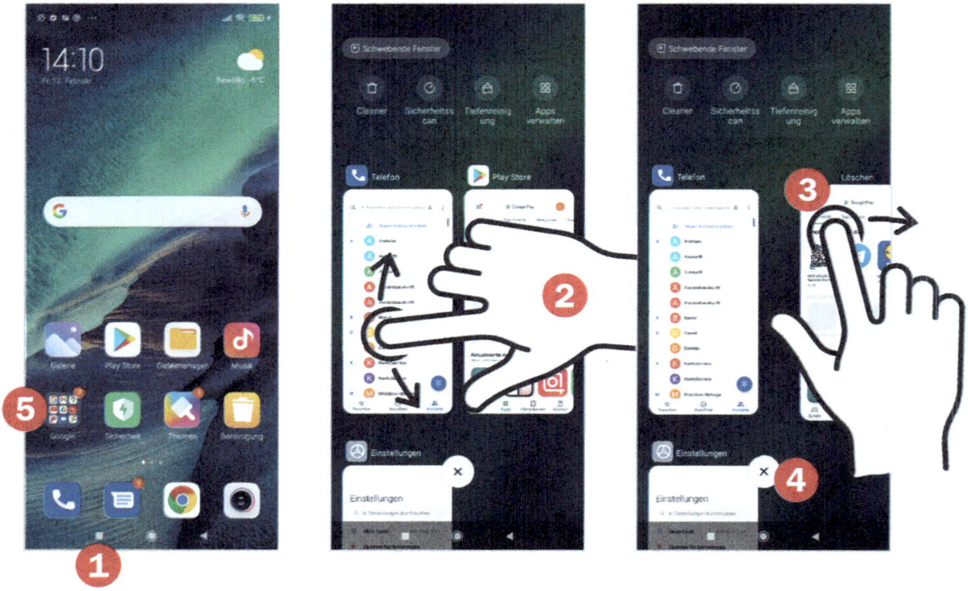

Apps schließen: Tippen Sie auf die App und schieben Sie sie nach rechts oder links aus dem Bildschirm heraus ❸. Dadurch wird sie geschlossen. Mit × ❹ werden alle Anwendungen auf einmal geschlossen.

App aus einem Ordner öffnen: Einige Apps sind in Ordnern ❺ einsortiert. Um eine App des Ordners anzuzeigen, tippen Sie zuerst auf den Ordner und dann auf die App.

Kleine App-Auswahl für den täglichen Gebrauch

Telefon: App zum Telefonieren und Einspeichern von Kontakten. Sie wählen entweder einen gespeicherten Kontakt aus oder tippen eine Nummer ein.

Nachrichten: App zum Schreiben von SMS. Diese Kurznachrichten sind etwas aus der Mode gekommen. Heute verwendet man häufig WhatsApp oder einen anderen Messenger.

WhatsApp: Schreiben Sie Nachrichten, versenden Sie Fotos oder telefonieren Sie mit der Familie mit Übertragung eines Videos. Diese App muss heruntergeladen werden.

Kontakte: Die Google App Kontakte verwaltet alle Daten zu einem Freund oder Bekannten, wie z. B. Telefonnummern, E-Mail-Adressen, postalische Adressen, Geburtstage etc.

Kamera: Mit dieser App knipsen Sie Fotos oder nehmen Videos auf.

Galerie: Dient der Anzeige und Bearbeitung Ihrer Fotos und Videos.

Google Fotos: Das Google-Pendant zur Galerie-App. Sie finden die App im Google-Ordner.

Play Store: Hier können kostenlose aber auch kostenpflichtige Apps, Spiele, Filme und Bücher heruntergeladen werden. Dieser Store wird von Google zur Verfügung gestellt.

Mi Browser: Ein Browser, der zur Anzeige von Internetseiten dient.

Chrome: Browser von Google, mit dem Sie ebenfalls Seiten im Internet anzeigen.

Google: Die Google-App ist kein Browser im engeren Sinne, obwohl Sie auch mit dieser Suchanfragen stellen und das Internet durchsuchen können. Darüber hinaus bietet sie noch weitere Funktionen, z. B. Zusammenstellung aktueller Nachrichten.

Maps: Karten-App von Google, hier können Sie nach Adressen suchen und eine Navigation von Ort zu Ort durchführen.

YouTube: Portal mit Videos zu fast allen Themen, kann kostenlos verwendet werden.

Gmail: Anwendung zum Empfangen und Versenden von E-Mails. Die Gmail-Adresse, die Sie bei der Einrichtung des Smartphones verwendet haben, ist hier bereits hinterlegt.

Uhr: Die App bietet einen Wecker, einen Timer, eine Stoppuhr und zeigt natürlich auch die Zeit an (auch mehrere Zeitzonen).

Donnerstag 11

Kalender: Hier tragen Sie Termine ein und werden daran erinnert.

Notizen: App zum Speichern von Notizen, wie z. B. einer Einkaufsliste. Es gibt Notizen-Apps wie Sand am Meer. Wenn Ihnen diese nicht zusagt, installieren Sie einfach eine andere.

Einstellungen: Hier finden Sie alle Optionen, die die einzelnen Funktionen Ihres Smartphones betreffen.

1.6 Bildschirmtastatur verwenden

Sobald Sie in ein Texteingabefeld tippen, wird automatisch die Bildschirmtastatur eingeblendet. Zum Ausblenden der Tastatur tippen Sie auf eine Stelle des Bildschirms, an der keine Texteingabe möglich ist. Alternativ verwenden Sie die Zurück-Taste. Wir besprechen die Tastatur schon jetzt, weil Sie diese häufig benötigen. Wenn Sie die Tastatur ausprobieren möchten, tippen Sie doch einfach auf der Startseite in das Google-Suchfeld ❶.

Das Aussehen der Tastatur verändert sich je nach Anwendung. Im Bild links wurde die Suchleiste der Google-App geöffnet. Aus diesem Grund wird rechts unten das Suchsymbol ❷ angezeigt, da nach dem eingegebenen Text im Internet gesucht wird. Im mittleren Bild wurde die App Notizen geöffnet. Hier können z. B. Einkaufslisten eingegeben werden, aus diesem Grund finden Sie rechts unten die Taste für eine Zeilenschaltung ❸. Im rechten Bild befinden wir uns in einem E-Mail-Programm im Eingabefeld für den Adressaten der E-Mail. Aus diesem Grund werden auf der Tastatur das @-Symbol und .com angezeigt. Mit der Taste ✓ ❹ (in anderen Apps auch *Weiter* oder *OK*) springen Sie ins nächste Feld.

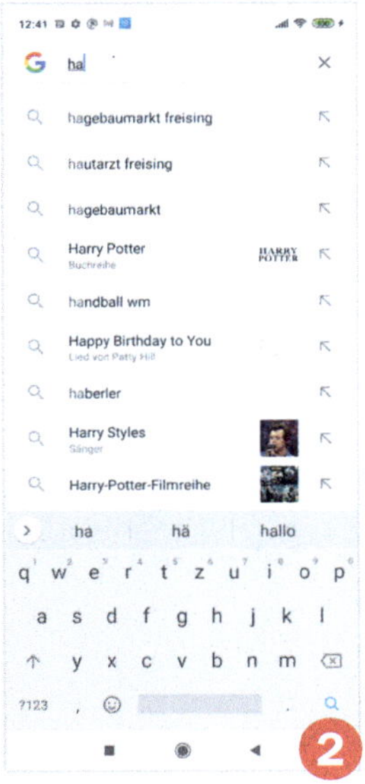

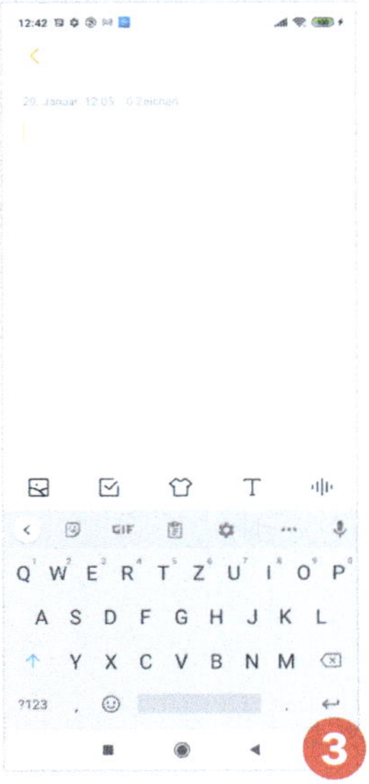

Buchstaben, Sonderzeichen & Co

Groß- und Kleinbuchstaben

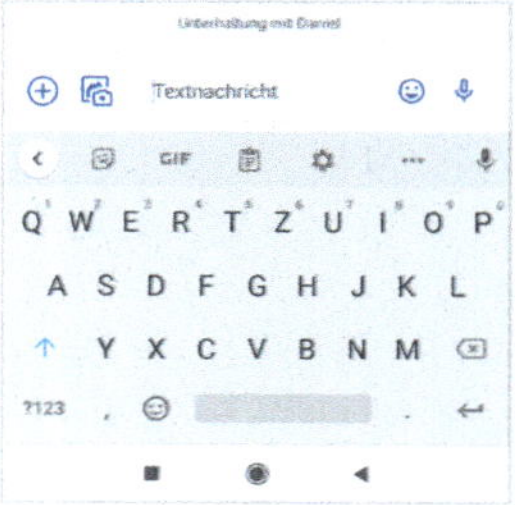

Vielleicht ist es Ihnen schon aufgefallen: Wenn Sie in einen Bereich zur Texteingabe tippen, wird der erste Buchstabe immer als Großbuchstabe eingegeben. Das ist automatisch so hinterlegt. Gleiches gilt für die Schreibung nach einem Punkt. Wenn Sie einen Großbuchstaben selbst eingeben möchten, benötigen Sie die Umschalt-Taste:

- Zur Eingabe von *Großbuchstaben* muss zuerst die Umschalt-Taste ↑ angetippt werden. Der Pfeil wird blau ↑ und der Buchstabe kann eingegeben werden.

- Wenn Sie zwei Mal auf die Umschalt-Taste tippen, erhält sie eine blaue Markierung in Form eines Punktes ↑. Die Großschreibung wird festgestellt, d. h. es wird alles in Großbuchstaben geschrieben, bis erneut die Umschalt-Taste angetippt wird.

Leerzeichen, Löschen und Cursorsteuerung

Die Texteingabe findet immer am Cursor (blinkender senkrechter Strich) statt:

- Um zwischen zwei Worten ein *Leerzeichen* einzugeben, tippen Sie auf die Leertaste.
- Mit ⌫ entfernen Sie alle Zeichen links vom Cursor. Wenn Sie länger mit dem Finger auf der Taste bleiben, werden schnell mehrere Wörter gelöscht.
- Mit der *Zeilenschaltung* ↵ erzeugen Sie eine neue Zeile und fügen einen Absatz ein.

Hier finden Sie Sonderzeichen

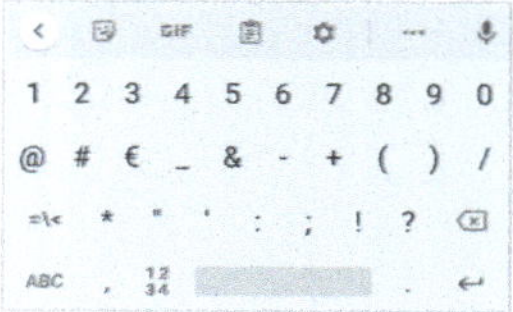

Die Taste ?123 schaltet auf ein Tastaturlayout zur Eingabe von *Sonderzeichen* um. Dort zeigen Sie mit der Taste =\< eine weitere Sonderzeichentastatur an. Die Taste ABC wechselt zurück zur Buchstabentastatur.

Wo sind eigentlich die Umlaute und das ß?

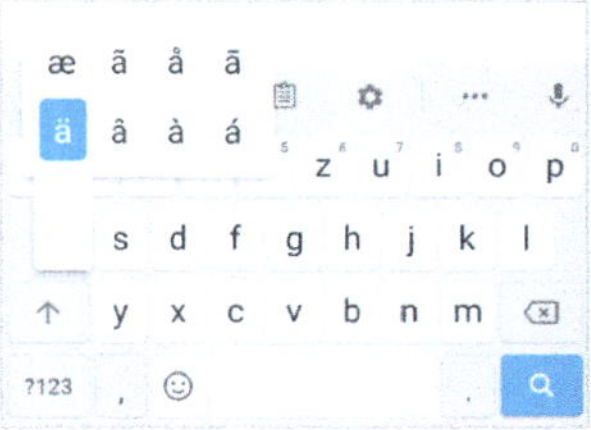

- Zur Eingabe von Umlauten drücken Sie den Finger länger auf die entsprechende Taste, z. B. die Taste A zur Anzeige von Ä. Es erscheint ein Zusatzfeld. Hier ist der Umlaut bereits ausgewählt. Dieser wird eingefügt, wenn Sie die Taste loslassen.

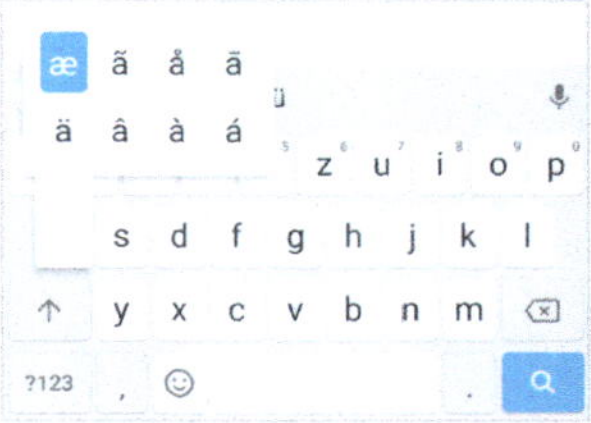

- Spezielle Buchstaben, wie z. B. das spanische ñ, die französische Ligatur œ und natürlich alle Buchstaben mit Akzent verstecken sich ebenfalls hinter den angezeigten Buchstaben, beispielsweise die Ligatur æ beim Buchstaben A. Zur Auswahl eines anderen Buchstabens verbleiben Sie mit dem Finger auf dem Bildschirm, fahren nach oben in das Zusatzfeld auf den gewünschten Buchstaben und lassen dann los.

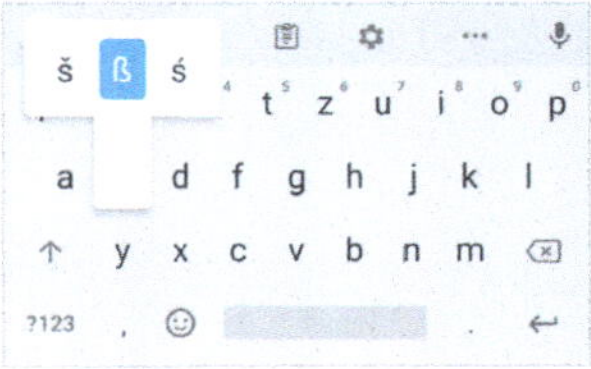

- Auf diese Weise finden Sie im Zusatzfeld der Taste S auch das ß.

Wer lieber mit einer etwas kleineren, aber dafür vollständigen Tastatur arbeiten möchten, tippt auf das Zahnradsymbol oberhalb der Tastatur. Damit öffnen Sie die Einstellungen. Hier wählen Sie ganz oben *Sprachen* aus. Tippen Sie dann auf *Deutsch (Deutschland)*, wischen Sie nach links und wählen hier *Deutsch* aus. Wischen Sie nach rechts und entfernen durch Antippen das Häkchen bei *QWERTZ* und bestätigen Sie dann mit *Fertig*. Tippen Sie dann mehrmals auf die Zurück-Taste, um den Bereich wieder zu verlassen.

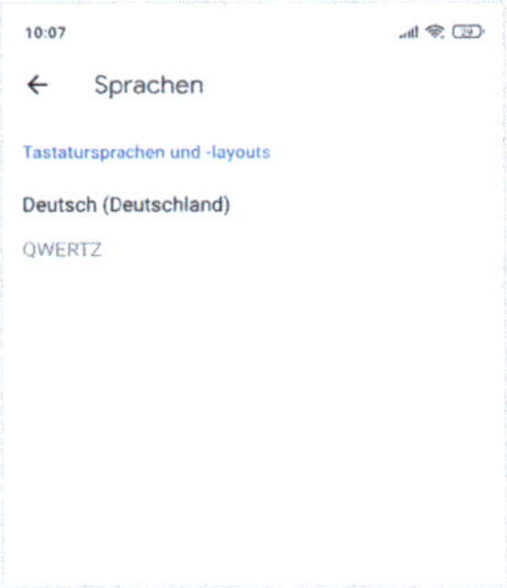

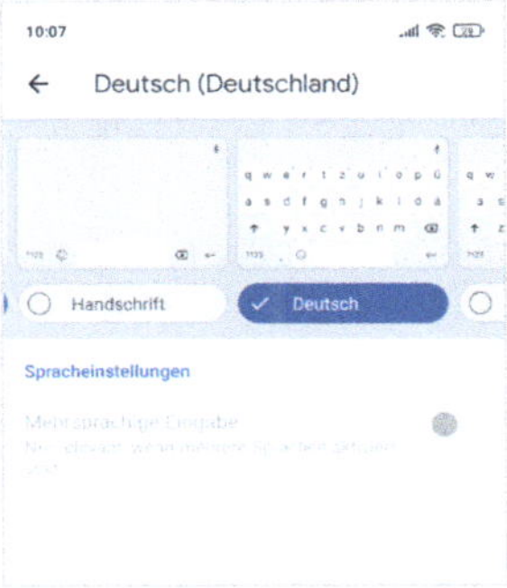

Texterkennung

Über der Tastatur erhalten Sie für die aktuelle Eingabe Wort- bzw. Korrekturvorschläge, die durch Antippen übernommen werden können. Die Eingabe langer Worte können Sie ebenfalls über die Vorschlagsleiste abkürzen, wie in unserem Beispiel beim Eintippen von Fahrradverleih ❶. Erscheinen Worte in fetter Schrift ❷, werden diese automatisch durch Drücken der Leertaste übernommen. Das ursprünglich eingegebene Wort wird ebenfalls auf der Leiste angezeigt. Sollten Sie lieber das behalten wollen, tippen Sie es an.

Falsch geschriebene oder nicht im Wörterbuch enthaltene Begriffe werden farbig unterstrichen ❸. Die Texterkennung korrigiert manche Wörter auch automatisch, z. B. wird die Eingabe „its“ zu „ist“ umgewandelt.

Darüber hinaus werden oft auf Grundlage des bereits eingegebenen Texts, passende Vorschläge für das nächste Wort ❹ angezeigt.

Für einige Worte, z. B. Kuchen, Sonne, Baum, erscheint auf der Vorschlagsleiste das passende Bild (Emoji). Wenn Sie dieses auswählen wird das getippte Wort dadurch ersetzt.

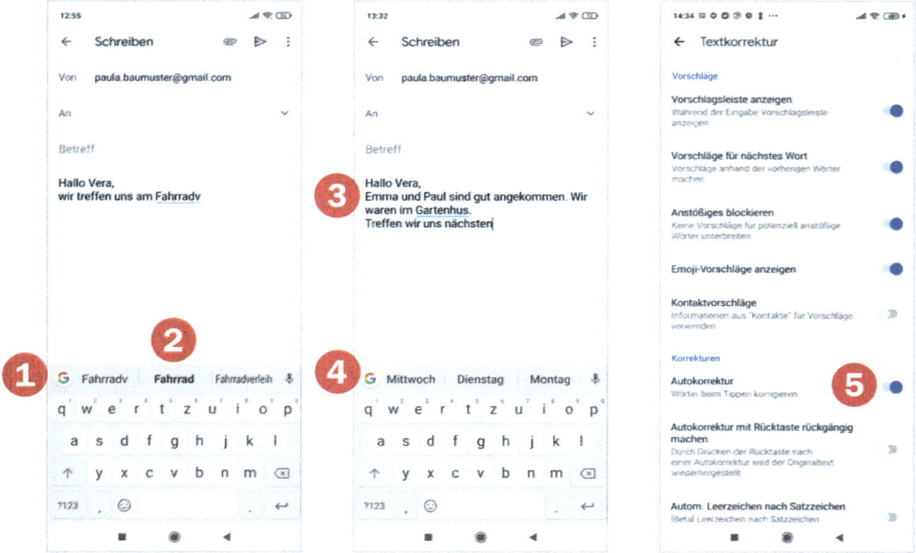

Zu Änderung der Tastatureinstellungen tippen Sie auf das Zahnradsymbol ⚙. Sollte dieses nicht angezeigt werden, tippen Sie zunächst auf G. Damit zeigen Sie die Einstellungen der Tastatur an. Wählen Sie dann *Textkorrektur*. Die *Autokorrektur* ❺ sorgt dafür, dass manche Worte automatisch berichtigt werden und dass durch Drücken der Leertaste Worte aus der Vorschlagsliste übernommen werden. Möchten Sie das nicht, ziehen Sie den Schalter nach links auf die Position *Aus*.

Emojis bebildern Gefühle

Sicher kennen Sie die lachenden, gelben Gesichter, die aus der heutigen schriftlichen Kommunikation kaum noch wegzudenken sind. Man nennt sie Emojis. Mit ihnen drückt man Gefühle aus und ersetzt auch mal mit etwas gegenständlicheren Symbolen geschriebene Worte.

- Tippen Sie auf ☺. Das Symbol befindet sich im unteren Tastatur-Bereich neben der Leertaste ❶.
- Beachten Sie, dass Ihnen zur Auswahl mehrere Kategorien zur Verfügung stehen. Der Bereich 🕓 ❷ enthält die zuletzt verwendeten Grafiken. Dann folgen Smileys und Hände, Tiere und Pflanzen, Nahrungsmittel, Gebäude und Wettersymbole, Sportgeräte usw. In jedem Bereich können Sie durch vertikales Wischen weitere Elemente anzeigen.
- Mit ⌫ ❸ löschen Sie das Emoji wieder. Durch Antippen von ABC ❹ links unten zeigen Sie wieder die Bildschirmtastatur an.

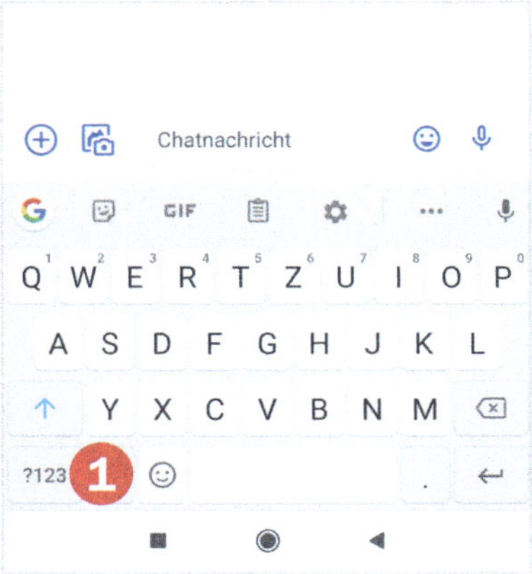

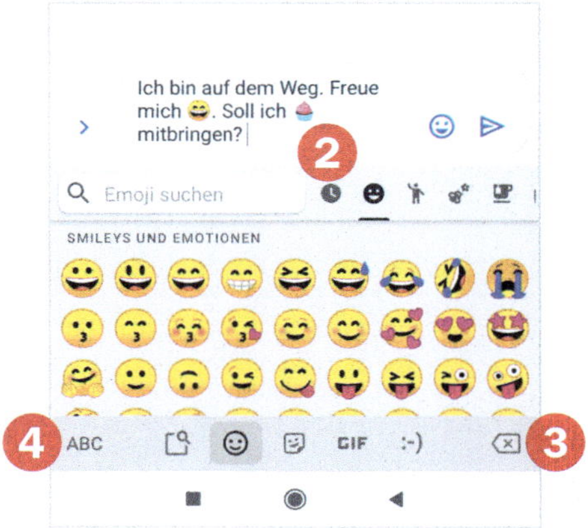

Text mittels Spracheingabe

Anstatt mühsam zu tippen, diktieren Sie Ihren Text. Tippen Sie auf 🎤 ❶ und sprechen Sie Ihren Text. Satzzeichen können ebenfalls diktiert werden. Zum Löschen verwenden Sie ⌫ ❷. Um die Spracheingabe wieder zu verlassen, tippen Sie auf 🎤 ❸.

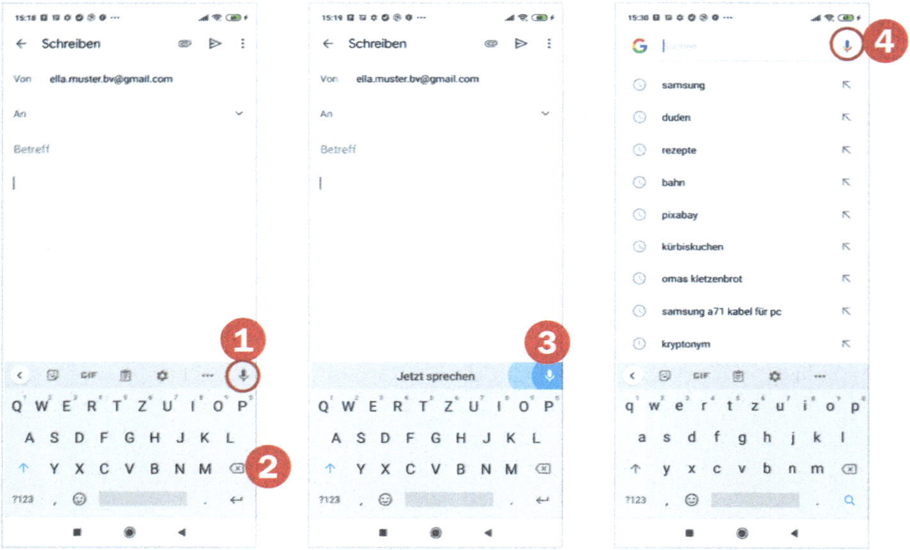

Das Mikrofon wird nicht angezeigt

Nicht in allen Apps kann das Mikrofon auf der Tastatur zum Diktieren von Text verwendet werden. Manchmal ist es nicht vorhanden, z. B. in der App Google ❹. Diese verfügt über ein eigenes Mikrofon zur Spracheingabe.

1.7 Die Statusleiste - Benachrichtigungen und mehr

Über die Statusleiste, die sich klein am oberen Bildschirmrand befindet, erhalten Sie eine Vielzahl an Informationen und können schnell verschiedene Funktionen Ihres Smartphones ein- bzw. ausschalten.

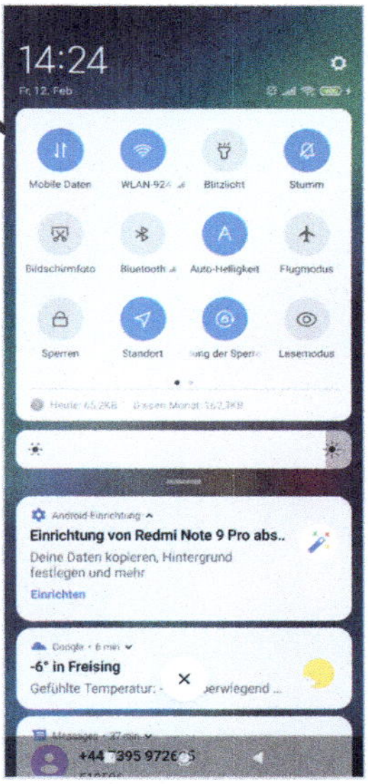

Die **Statusleiste** enthält links Mitteilungen von Apps in Form von Symbolen und rechts den Ladezustand des Akkus, die Signalstärke des Telefonempfangs und ggf. die WLAN-Verbindung.

Sie erweitern die Anzeige der Statusleiste, indem Sie vom oberen Bildschirmrand nach unten streichen.

Hier sehen Sie **Benachrichtigungen** der einzelnen Apps: Dabei kann es sich um alles Mögliche handeln, z. B. eine WhatsApp-Nachricht, eine Geburtstagserinnerung oder einzelne Schlagzeilen.

Ganz oben wird ein Teil der Schnelleinstellungen angezeigt. Wischen Sie nochmals von oben nach unten, um den Bereich zu erweitern.

Über die **Schnelleinstellungen** schalten Sie bestimmte Funktionen Ihres Smartphones ein bzw. aus. Blau bedeutet, dass die Funktion aktiviert ist, im Beispiel oben Standort.

Sie verlassen den Bereich wieder durch Drücken der Home-Taste.

Hier die wichtigsten Symbole der Statusleiste und ihre Bedeutung:

Symbol	Bedeutung
	WLAN: Balken symbolisieren die Stärke des WLANs (je mehr, desto besser).
	Mobile Daten: Ohne WLAN nutzen Sie die mobilen Daten für eine Internetverbindung. Die Bezeichnungen 3G, 4G, 5G oder LTE geben die Qualität der Verbindung an, wobei 5G das beste Netz ist.
	Netzempfang: Je höher der Empfang, desto mehr Striche werden angezeigt.
	Akkustand: Die Füllhöhe zeigt den Ladezustand des Akkus an. Ein Blitz symbolisiert, dass der Akku derzeit aufgeladen wird.
	Bluetooth: Das Smartphone ist mit einem anderen Gerät gekoppelt, z. B. Musikbox, Kopfhörer.
	Flugmodus: Der Offline-Modus ist aktiviert, d. h. alle Funkverbindungen sind unterbrochen. Sie können unter anderem nicht mehr telefonieren oder das Internet nutzen.
	Standortdienst (GPS): Eine App ortet Ihren Standort, z. B. die Wetter-App oder Google Maps.
	Wecker: Sie haben einen Alarm gestellt.
	Lautlos: Der Lautlos-Modus ist eingeschaltet. Wenn Sie Anrufe oder Benachrichtigungen erhalten, ertönt kein Signal.
	Nachrichten: Sie haben eine SMS oder eine E-Mail erhalten.
	Verpasster Anruf: Sie haben einen Anruf verpasst.
	SIM-Karte: Entweder ist keine SIM-Karte eingelegt oder sie kann nicht gelesen werden.

Wenn eines dieser Symbole in der Statusleiste erscheint, können Sie weitere Informationen über das Benachrichtigungsfeld ersehen. Streichen Sie vom oberen Bildschirmrand nach unten zur Anzeige aller Benachrichtigungen.

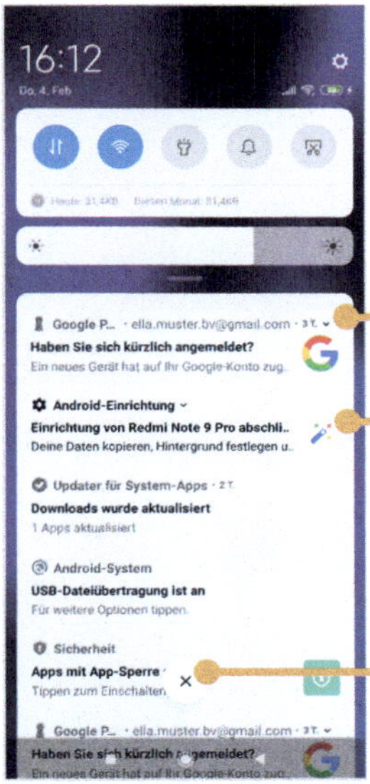

Streichen Sie über die Benachrichtigungen vertikal nach oben, um weitere Meldungen anzuzeigen.

Tippen Sie auf den nach unten weisenden Pfeil und Sie erhalten weitere Informationen.

Durch Antippen einer Meldung wird in der Regel die App angezeigt.

Wer mag, kann durch horizontales Streichen nach rechts die einzelnen Benachrichtigungen hinauswischen.

Hier löschen Sie alle Benachrichtigungen.

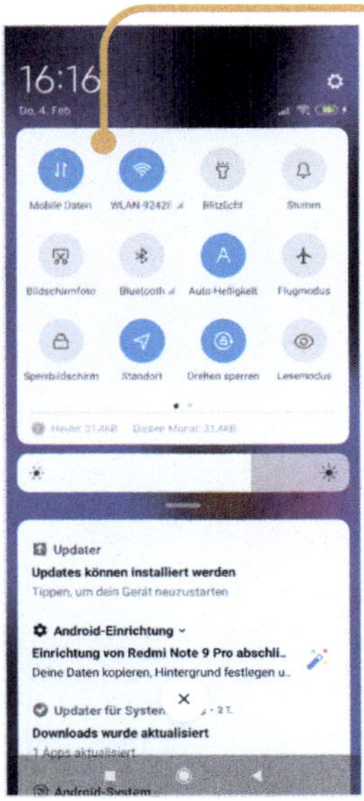

Die blauen Schnelleinstellungen sind aktiviert, beispielsweise können Mobile Daten verwendet werden: Ohne WLAN stellen Sie eine Verbindung über mobile Daten mit dem Internet her. Außerdem sind Sie gerade mit einem WLAN verbunden.

Durch Antippen aktivieren bzw. deaktivieren Sie die Einstellung.

Weitere aktive Einstellungen sind:

Auto-Helligkeit: Die Helligkeit des Bildschirms wird automatisch angepasst, entsprechend der Umgebungsbeleuchtung.

Standort - Die Standortabfrage ist aktiv. Einige Apps benötigen Ihren aktuellen Standort, um Ihnen dazu passende Informationen anzuzeigen, z. B. Wetter, Nachrichten etc.

Es gibt noch eine zweite Seite; wischen Sie nach links, um weitere Einstellungen anzuzeigen.

Tipp: Einstellungen anzeigen

Einige der Schnelleinstellungen bieten eine Weiterleitung zu den umfangreicheren Möglichkeiten der App Einstellungen. Drücken Sie z. B. etwas länger auf das WLAN-Symbol zur Anzeige aller verfügbaren Netzwerke.

Schnelleinstellungen auswählen

Kleine Taschenlampe brenn!

Wahnsinnig praktisch, wenn man draußen im Dunkeln mal schnell ein Licht benötigt, ist die Funktion Blitzlicht. Sie gehört zu den Schnelleinstellungen.

1 Wischen Sie vom oberen Rand über den Bildschirm und zeigen Sie die Schnelleinstellungen an. Das Symbol *Blitzlicht* befindet sich in der obersten Zeile

2 Tippen Sie auf das *Blitzlicht*, um die Taschenlampe zu aktivieren. Das Symbol wird blau hinterlegt.

Über denselben Weg schalten Sie das Blitzlicht wieder aus.

1.8 Smartphone aus- und einschalten

Zugegebenermaßen wird das Smartphone nicht oft ausgeschaltet. Manchmal schaltet man es, z. B. im Theater oder Kino, ab, um sicherzustellen, dass niemand gestört wird. Ein anderer Klassiker ist der niedrige Akkustand, der einen veranlasst, das Handy auszuschalten, um vielleicht am Zielort noch einen Anruf tätigen zu können. Wichtig ist, bevor Sie das Smartphone ausschalten, sollten Sie die PIN Ihrer SIM-Karte kennen, sonst können Sie das Gerät nicht wieder einschalten.

PIN der SIM-Karte

Die PIN der SIM-Karte erhalten Sie zusammen mit Ihrer SIM-Karte. Sie müssen die PIN der SIM-Karte immer dann eingeben, wenn das Smartphone neu gestartet wurde. Die SIM-Karten-PIN darf nur dreimal falsch eingegeben werden, dann ist die Karte gesperrt und Sie benötigen den PUK, den Sie ebenfalls zusammen mit Ihrer SIM-Karte bekommen haben. Diesen meist achtstelligen Code müssen Sie dann eingeben, um Ihr Smartphone wieder zu entsperren. Aus diesem Grund ist es wichtig, dass Sie das Schreiben, das Ihrer SIM-Karte beilag, gut aufbewahren.

Zum Ausschalten drücken Sie die Funktionstaste etwas länger (siehe auch Seite 25), bis auf dem Bildschirm folgende Meldungen erscheinen:

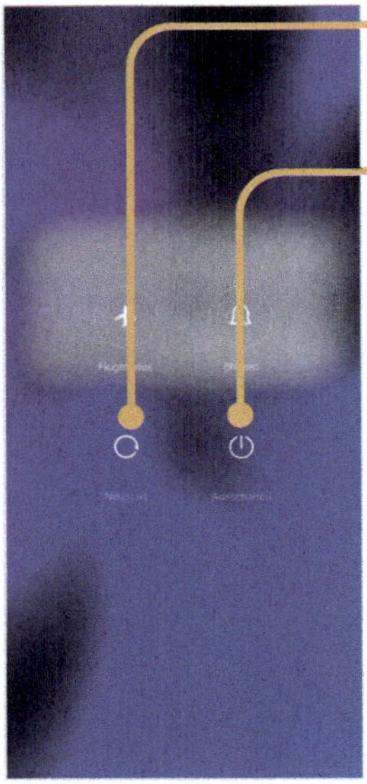

Wenn das Smartphone Probleme bereitet, hilft oft ein ***Neustart***.

Tippen Sie ***Ausschalten*** an, wenn Sie das Gerät für einige Zeit nicht verwenden möchten. Zur Bestätigung müssen Sie nochmals auf ***Ausschalten*** tippen.

Zum Einschalten drücken Sie etwas länger auf die Funktionstaste rechts, geben dann die ***PIN*** der SIM-Karte ein und tippen auf ***OK***. Danach müssen Sie das Handy entsperren.

2 Das Smartphone schützen

Das Smartphone als ständiger Wegbegleiter enthält viele persönliche Daten. Deshalb sollten Sie es unbedingt vor unbefugtem Zugriff anderer schützen. Stellen Sie sich vor, Sie verlieren das Smartphone und jeder kann mit einem Wisch telefonieren, Ihre geknipsten Bilder betrachten oder Ihre Nachrichten lesen. Da wir das im Einrichtungsprozess übersprungen haben, ist es jetzt an der Zeit, das Handy zu schützen.

Das Smartphone bietet mittlerweile sehr viele Möglichkeiten: Muster, PIN, oder Passwort, Gesichtserkennung oder Fingerabdruck. Das automatische Entsperren mittels Gesicht oder Finger ist natürlich einfacher und macht die Eingabe eines Musters oder Passwortes überflüssig. Für welche Option Sie sich entscheiden, kommt auch auf die persönlichen Vorlieben an und ist letztendlich eine Abwägung zwischen Sicherheit und Praktikabilität. So ist ein Muster, dessen Spuren man noch auf dem Bildschirm sieht, nicht so sicher wie ein Kennwort. Aber wer will ständig ein Kennwort eintippen? Wir stellen hier im Besonderen die Methoden PIN und Fingerabdruck vor.

2.1 Displaysperre mit PIN oder Fingerabdruck

So schützen Sie Ihr Gerät mit einer PIN:

- Öffnen Sie die Smartphone-*Einstellungen* und anschließend die Kategorie *Passwörter & Sicherheit* ❶.
- Hier tippen Sie auf *Passwort* ❷. Dort haben Sie die Auswahl zwischen *Muster*, *PIN* oder *Passwort*:
  - *Muster*: Sie zeichnen ein Entsperrungsmuster, das Sie eingeben, sobald Sie Ihr Smartphone nutzen wollen.
  - *PIN*: Eine Zahl mit 4-16 Ziffern, die Ihnen den Zugang gewähren.
  - *Passwort*: Eine Kombination aus Zahlen und Buchstaben (vier oder mehr), um Ihr Gerät zu entsperren.
- Wählen Sie *PIN* ❸ aus und tippen Sie auf *Verstanden* ❹, um zu bestätigen, dass wenn Sie Ihre PIN vergessen, alle Daten auf dem Gerät gelöscht werden. Geben Sie eine Zahlenkombination ein, die aus 4-16 Ziffern besteht. Tippen Sie dann auf *Weiter* ❺.
- Geben Sie nochmals die Zahl ein und tippen Sie auf *OK*. So wird sichergestellt, dass Sie sich nicht vertippt haben.

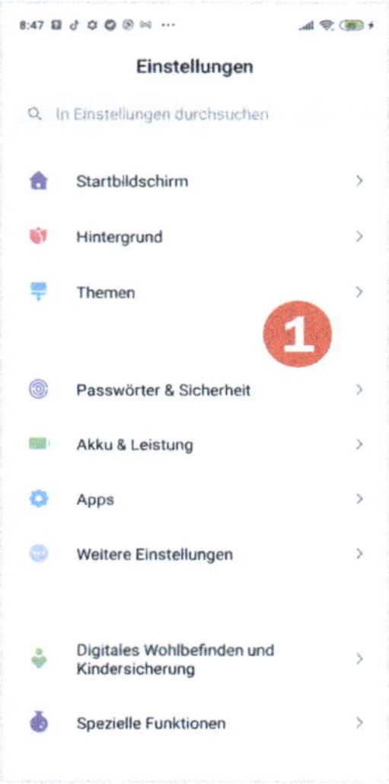

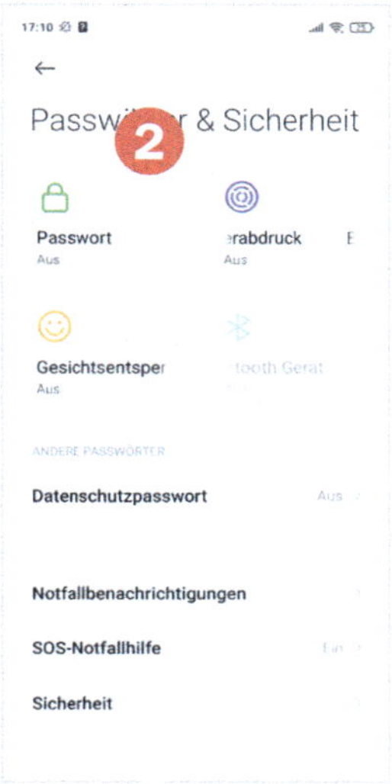

- Danach könnten Sie noch einen Fingerabdruck hinzufügen. Tippen Sie auf *Abbruch*. Wie Sie einen Fingerabdruck hinzufügen, erfahren Sie im nächsten Abschnitt.

Beim nächsten Entsperren des Smartphones streichen Sie über den Bildschirm, danach werden Sie dazu aufgefordert, eine PIN einzugeben 6.

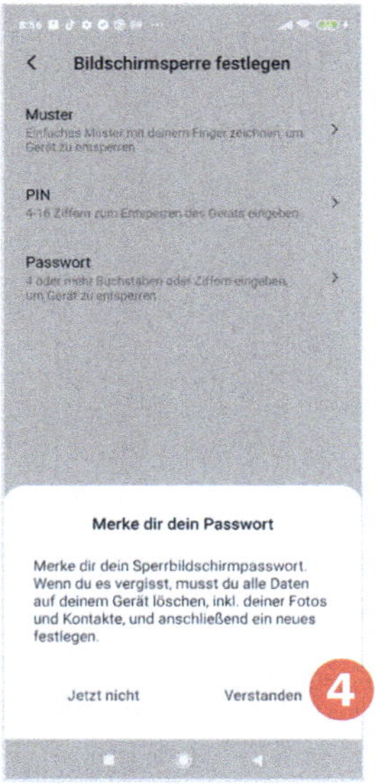

Die PIN zum Entsperren des Sperrbildschirms haben Sie in diesem Prozess selbst festgelegt. Diesen können Sie so oft eingeben, wie Sie möchten. Es ist möglich, dass nach zahlreichen Falscheingaben eine Pause von 30 Sekunden eingeblendet wird. Verwechseln Sie diese Nummer nicht mit der PIN der SIM-Karte. Diese Nummer haben Sie mit der Karte erhalten und diese PIN benötigen Sie bei einem Neustart des Smartphones.

2.2 Fingerabdrucksensor

Der Fingerabdruck wird immer zusätzlich zu einer sicheren Bildschirmsperre verwendet. Sie müssen also zunächst ein Muster, eine PIN oder ein Passwort festgelegt haben. Sie entsperren selbstverständlich das Smartphone nachher nur über den Fingerabdruck. Die alternative Methode dient unter anderem dazu, sicherzustellen, dass Sie das Smartphone entsperren können, auch wenn der Fingerabdruck einmal nicht funktioniert.

- Gehen Sie in die *Einstellungen* Ihres Smartphones und tippen Sie hier auf *Passwörter & Sicherheit*.
- Wählen Sie *Entsperren per Fingerabdruck* ❶ und geben Sie anschließend Ihre PIN, Ihr Passwort oder Muster ein und tippen auf *Weiter*.
- Der Fingerabdrucksensor befindet sich auf der Funktionstaste auf der rechten Seite Ihres Smartphones ❷. Wenn Sie dazu aufgefordert werden, drücken Sie den Finger auf den Sensor und heben Sie ihn an bzw. bewegen Sie ihn leicht, wenn Sie eine Vibration spüren. Wiederholen Sie diesen Vorgang mehrmals, bis der Vorgang abgeschlossen ist.

Für die Smartphones Redmi Note 9 Pro und Redmi Note 9S ist der Fingerabdrucksensor in die Funktionstaste integriert, wie im Bild in der Mitte auf der nächsten Seite zu sehen. Das Redmi Note 9 hat den Fingerabdrucksensor auf der Rückseite des Smartphones unter der Kamera.

- Wenn Sie möchten, können Sie einen *Fingerabdrucknamen* ❸ vergeben. Andernfalls wird der Fingerabdruck unter der Bezeichnung *Fingerabdruck 1* gespeichert Tippen Sie dann auf *Fertig* ❹.

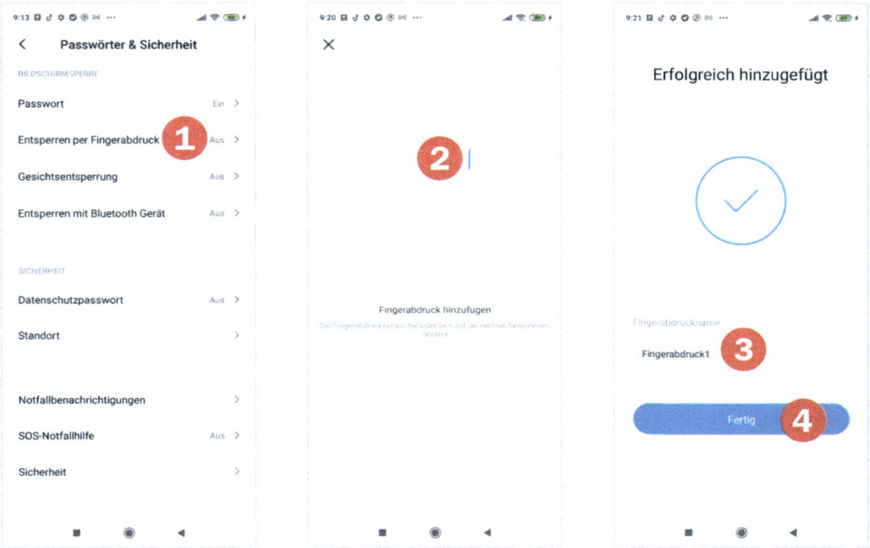

Wenn Sie Ihr Smartphone ausgeschaltet haben und es wieder einschalten, dann geben Sie zunächst die PIN der SIM-Karte ein und dann die PIN, die Sie für den Sperrbildschirm festgelegt haben. Letzteres kann nicht durch den Fingerabdruck ersetzt werden.

Fingerabdruck vom Smartphone löschen

Um einen Fingerabdruck zu entfernen, öffnen Sie die *Einstellungen*, wählen *Passwörter & Sicherheit* und anschließend *Entsperren per Fingerabdruck* aus. Geben Sie Ihre PIN ein und bestätigen mit *Weiter*. Tippen Sie auf den Fingerabdruck (hier im Beispiel *Fingerabdruck 1* ❶) und anschließend unten auf *Fingerabdruck entfernen*.

Fingerabdruck nachträglich hinzufügen

Weitere Fingerabdrücke können, wie oben beschrieben in den *Einstellungen* mit *Fingerabdruck hinzufügen* ❷ registriert werden.

2.3 Schutz vor Schadprogrammen

Nicht nur PCs, auch Smartphones können Ziele von Viren und anderer Schadsoftware sein! Daher sollte man auf den Schutz der persönlichen Daten auch auf dem Smartphone achten. Bereits vorinstalliert ist Google Play Protect, das Sie gegebenenfalls über Sicherheitsrisiken informiert. Dabei wird ein Virenscan der installierten Apps durchgeführt. Es erfolgt eine Prüfung der im Play Store angebotenen Apps vor dem Herunterladen und Sie werden vor möglicherweise gefährlichen Internetseiten gewarnt, sofern Sie mit dem Google Browser Chrome surfen.

Play Protect ist standardmäßig aktiv und scannt regelmäßig Ihr Smartphone. Wenn Sie eine Überprüfung selbst anstoßen möchten, dann öffnen Sie die *Einstellungen* ▸ *Sicherheitsstatus*. Tippen Sie hier auf *Google Play Protect* und anschließend auf *Scannen* ❶.

Mit der App *Sicherheit*, die auf dem Startbildschirm zu finden ist, wird Ihnen die Virenschutz-App Avast zur Verfügung gestellt. Öffnen Sie die App *Sicherheit* und tippen Sie auf *Sicherheitsscan* ❷. Ein Virenscan wird durchgeführt und es wird Ihnen mitgeteilt, ob etwas gefunden wurde ❸. Da es sich um die kostenlose Version von Avast handelt, wird Werbung eingeblendet. Sie verlassen den Bereich wieder über den Pfeil links oben .

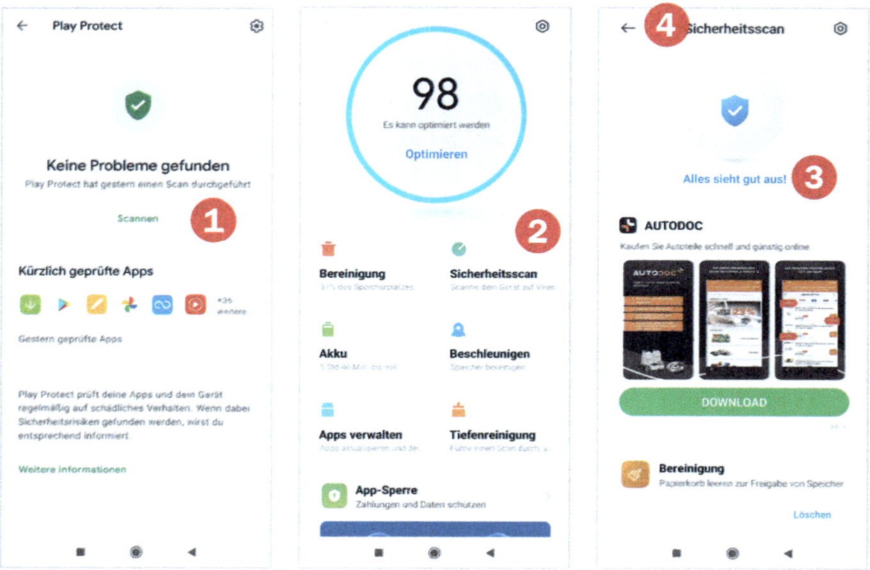

Ebenso wichtig ist es, einige Regeln zu beachten:

- Führen Sie die Android- und App-Updates regelmäßig durch (siehe Seite 68). Hier ist wichtig, dass der verwendete Browser (z. B. Chrome oder der Mi Browser) immer auf dem neuesten Stand ist.
- Seien Sie misstrauisch, wenn Sie im Browser aufgefordert werden, etwas anzuklicken, z. B. um Virenbefall zu vermeiden. Verseuchte Webseiten können im Hintergrund Schadsoftware installieren.
- Auch Links in E-Mails können Gefahrenquellen sein. Ihre Bank würde Ihnen niemals eine E-Mail mit einem Link zuschicken, über den Sie sicherheitsrelevante Eingaben für Ihr Konto nachtragen sollen. Meist sollen Sie dadurch auf eine gefälschte Webseite geleitet werden, um dort Ihre persönliche Daten, wie z. B. Kennwörter oder Kreditkartennummern, zu erfahren.
- Öffnen Sie keine E-Mail-Anhänge, deren Absender Sie nicht kennen.
- Hotspots, offenes WLAN oder free WiFi bieten alle dasselbe - eine kostenlose Internetverbindung. Diese Möglichkeit erhalten Sie oft in Einkaufszentren, Bahnhöfen, in Zügen oder Cafés. Wenn Sie sich mit einem offenen WLAN verbinden, sollten Sie unbedingt darauf achten, während der Nutzung keine sensiblen Daten einzugeben, d. h. beispielsweise kein Online-Banking oder Bezahlung mit Kreditkarte. Tatsächlich betrifft dies jede Form der Eingabe von Kennwörtern. In Hotspots können Dritte unter Umständen Zugriff auf Ihre versendeten Daten erhalten.
- Installieren Sie Apps nur aus dem Google Play Store. Überprüfen Sie, welche Berechtigungen (siehe Seite 60) der App eingeräumt wurden.

2.4 Das verlorene Smartphone orten

Hier können Sie entweder den Dienst von Xiaomi oder Google nutzen.

> **Wichtig!** Die Ortungsfunktion Ihres Smartphones bietet unseres Erachtens mehr Vor- als Nachteile. Wenn Sie das Gerät verloren haben, können Sie es so wiederfinden oder zumindest via Fernzugriff die Daten auf Ihrem Smartphone löschen. Ganz klar ist aber auch, dass jeder, der über Ihre E-Mail-Adresse und das dazugehörige Kennwort verfügt, über diesen Dienst sehen kann, wo sich Ihr Smartphone und in diesem Fall auch Sie sich gerade befinden. Deshalb ist es wichtig, diese Daten sicher zu verwahren.

Zur Ortung muss das Smartphone über eine mobile Datenverbindung mit dem Internet verbunden sein. WLAN ist natürlich auch möglich, aber bei Verlust eher unwahrscheinlich. Die Standortermittlung muss aktiviert sein und Sie müssen einen der beiden folgenden Dienste verwenden:

Find my Device von Google

- Verwenden Sie Ihren Laptop oder Computer und geben Sie in den Browser die folgende Adresse ein: android.com/find
- Mit der Anmeldung stimmen Sie Nutzungsbedingungen und Datenschutzerklärung zu. Durch Anklicken können Sie diese durchlesen.
- Sie erhalten eine Meldung auf dem Smartphone, ob Sie sich gerade für den Dienst angemeldet haben. Tippen Sie auf *Ja*.
- Im Browser erlauben Sie durch Anklicken von *Annehmen*, dass Google auf Ihren Standort zugreifen darf.

Wenn Sie Ihr Smartphone verloren haben, geben Sie erneut auf Ihrem Rechner diese Adresse *android.com/find* in den Browser ein und melden sich an. Sie erhalten dann einen Kartenausschnitt, der anzeigt, wo sich Ihr Smartphone gerade befindet bzw. zuletzt geortet wurde.

Gerät finden mit Xiaomi

- Sie benötigen ein Mi-Konto (Einrichtung siehe Seite 20).
- Öffnen Sie die *Einstellungen* ▶ *Mi-Konto* ▶ *Geräte* ▶ *Aktuelles Gerät* und kontrollieren Sie, ob der Regler bei *Gerät finden* auf *Ein* ist.

Wenn Sie Ihr Smartphone verloren haben, gehen Sie so vor:

- Verwenden Sie Ihren Laptop/Computer. Rufen Sie den Browser auf und navigieren Sie zu folgender Seite: *i.mi.com*
- Tippen Sie auf *Mit Mi-Konto anmelden*, geben Sie den Benutzernamen Ihres Mi-Kontos, also die verwendete E-Mail-Adresse und das zugehörige Kennwort, ein.
- Die Datenschutzhinweise und AGBs akzeptieren Sie durch Anklicken von *Fortsetzen*.
- Danach müssen Sie erlauben, dass Standortdienste zur Ortung Ihres Smartphones verwendet werden. Klicken Sie auf *Akzeptieren*.
- Sie erhalten dann einen Kartenausschnitt, auf dem Sie sehen, wo sich Ihr Smartphone gerade befindet bzw. zuletzt geortet wurde.

3 Das Smartphone personalisieren

In diesem Kapitel erhalten Sie Tipps, wie Sie das Smartphone an Ihre Bedürfnisse anpassen.

3.1 Bildschirm-Inaktivität festlegen

Vielleicht passiert Ihnen das gerade - das Smartphone „geht ständig aus". Wenn Sie für kurze Zeit nichts am Smartphone machen, wird der Bildschirm ausgeschaltet und das Handy automatisch mit dem Sperrbildschirm geschützt. Diese Funktion nennt sich *Schlafen*.

Jetzt müssen Sie wieder die Funktionstaste drücken, den Bildschirm entsperren und dann kann es erst weitergehen - das nervt. So verlängern Sie den Zeitraum:

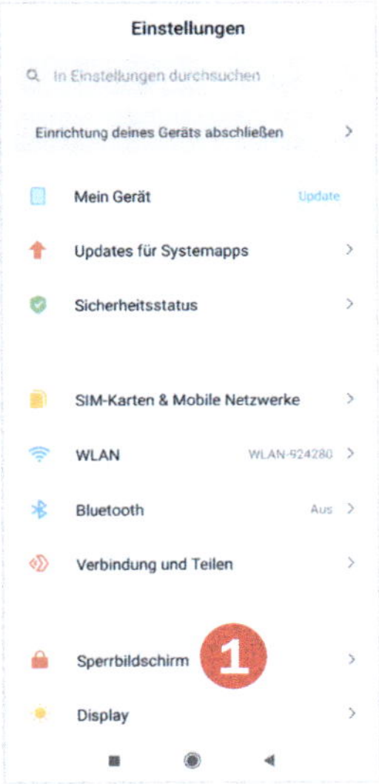

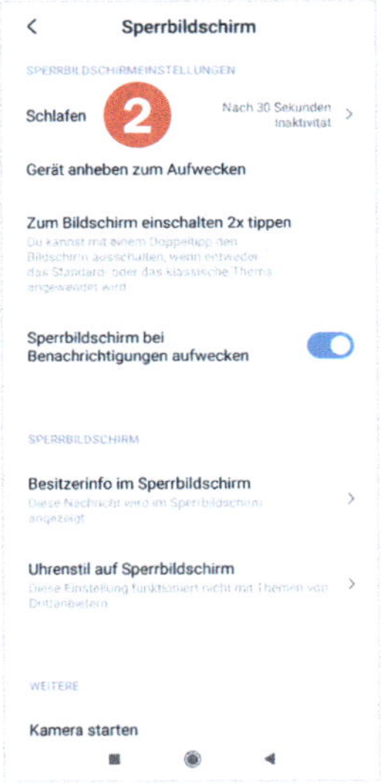

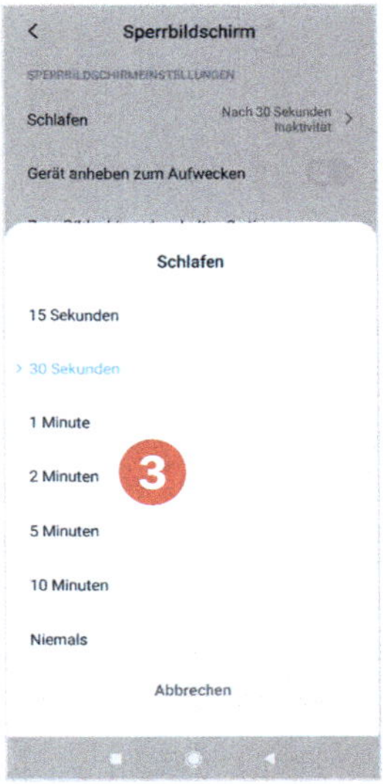

- Öffnen Sie die *Einstellungen* und tippen Sie auf *Sperrbildschirm* ❶.
- In der Kategorie *Sperrbildschirm* tippen Sie dann auf *Schlafen* ❷ und wählen einen längeren Zeitraum, z. B. *2 Minuten* ❸. Das geht etwas zu Lasten des Akkus, aber Sie können das jederzeit wieder ändern.
- Tippen Sie dann auf die Home-Taste, um die Einstellungen zu verlassen.

3.2 LiteModus aktivieren

Der LiteModus bietet eine reduzierte Oberfläche mit weniger Elementen. Dafür sind Apps, Symbole und Texte auf dem Bildschirm größer dargestellt. Wer die Darstellung als zu klein und unübersichtlich empfindet, sollte diesen Modus ausprobieren. Dabei werden nicht alle Änderungen, die Sie vielleicht schon am Original-Startbildschirm vorgenommen haben, übernommen. So schalten Sie ihn ein:

- Öffnen Sie die *Einstellungen* und tippen Sie auf *Spezielle Funktionen* ❶. Wählen Sie dann den *LiteModus* aus und tippen auf *LiteModus einschalten* ❷.

Durch die Umstellung werden die App *Wetter* und *Einstellungen* ❸ nun auf dem ersten Startbildschirm angezeigt und die Google-Suchleiste (Widget) ist verschwunden. Die App *Chrome*, zur Anzeige von Internetseiten, rutscht auf den zweiten Startbildschirm. Besonders interessant ist, dass die Option *Startbildschirm* nun aus den Einstellungen verschwunden ist. Diese Möglichkeiten stehen im LiteModus nicht zur Verfügung. Auch Widgets können nicht mehr ausgewählt.

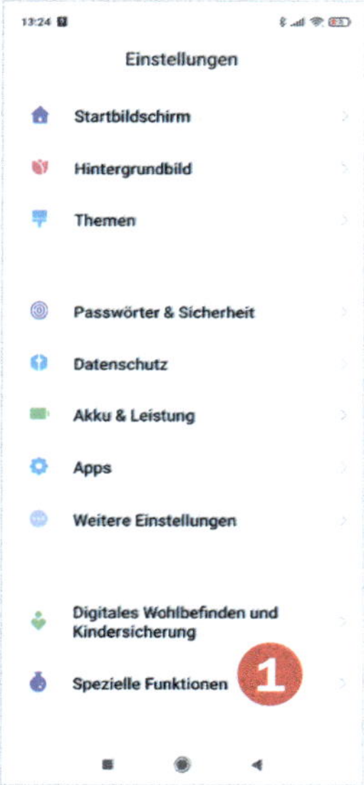

Der Original-Startbildschirm bleibt erhalten. Sie können also jederzeit auf dem gleichen Weg zurückwechseln.

3.3 Schriftgröße bestimmen und Helligkeit anpassen

Können Sie Text auf dem Smartphone schlecht lesen? Dann vergrößern Sie einfach die Schrift.

- Gehen Sie in die Smartphone-*Einstellungen* und wählen Sie hier *Display*. Tippen Sie dann auf *Textgröße* ❶.
- Hier können Sie mit dem Schieberegler die gewünschte Größe einstellen, ziehen Sie einfach den blauen Punkt ❷ etwas nach rechts. Dabei sehen Sie die Änderungen sofort und können gleich abschätzen, welche Größe Sie benötigen.
- Zusammen mit der Veränderung der Schriftgröße haben sich auch die App-Symbole ein wenig vergrößert. Die Symbolgröße lässt sich aber auch unabhängig von der Textgröße steuern. Öffnen Sie die *Einstellungen* und wählen Sie *Startbildschirm*. Tippen Sie dann auf *Symbolgröße*. Verwenden Sie auch hier den Schieberegler ❸ und tippen Sie dann auf *Anwenden*.

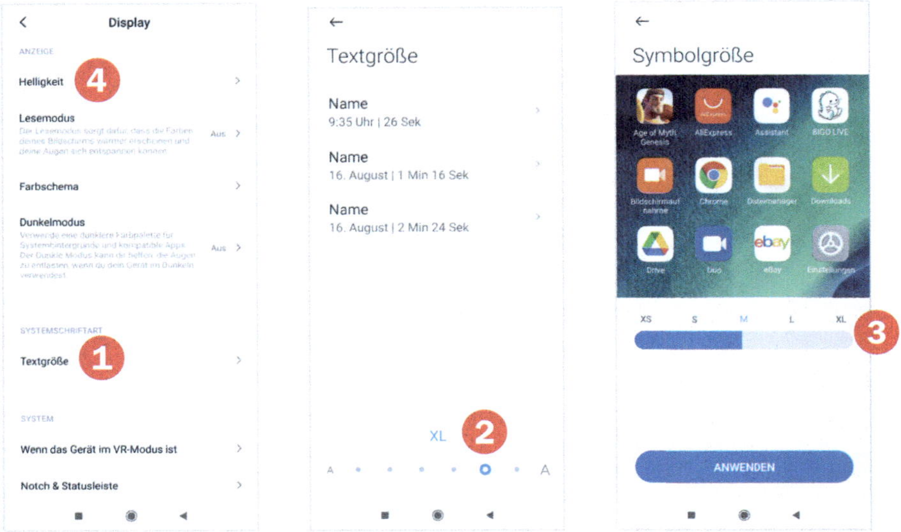

Gute Lesbarkeit hat natürlich auch etwas mit der Helligkeit des Bildschirms zu tun. Tippen Sie auf *Helligkeit* ❹, um die Einstellungen anzuzeigen. Natürlich hat auch das Umgebungslicht Einfluss darauf, welche Bildschirmhelligkeit wir als angenehm empfinden. Darauf zielt die Funktion *Automatische Helligkeit* ab. Sie passt die Helligkeit automatisch auf Grundlage der vorherrschenden Lichtverhältnisse an.

Wenn Sie das nicht möchten, schalten Sie diese durch Antippen von *Automatische Helligkeit* ❺ aus. Über den Regler darunter bestimmen Sie dann eine konstante Helligkeit. Erinnern Sie sich an die Schnelleinstellungen? Hier finden Sie denselben Helligkeitsregler .

Auch mit eingeschalteter *Automatischer Helligkeit* können Sie über den Regler die Bildschirmhelligkeit einstellen.

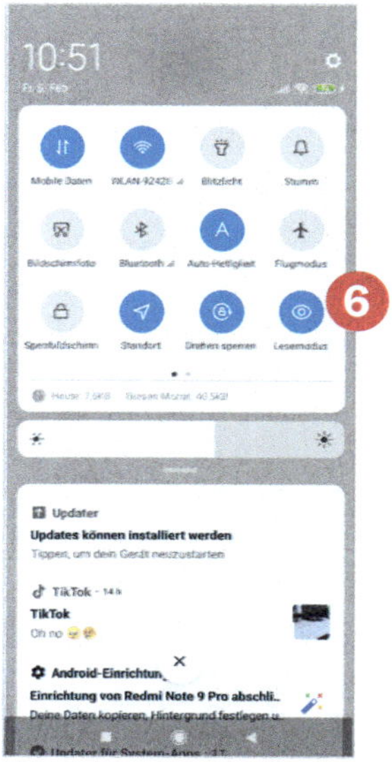

Was macht der Lesemodus? Wenn wir von Bildschirmen sprechen, darf auch der Lesemodus nicht fehlen. Sie finden diesen in den Schnelleinstellungen. Zum Aktivieren tippen Sie auf das Symbol ❻. Dadurch wird aus der Anzeige blaues Licht gefiltert und der Display erstrahlt gelblicher und dadurch wärmer. Die Idee dahinter ist, den Lesefilter abends einzuschalten, wenn Sie nochmals für längere Zeit das Handy verwenden möchten, da das helle, blaue Licht als eine Art Muntermacher wirkt und das Einschlafen verzögern kann. Vollständig wissenschaftlich belegt ist das noch nicht, aber vieles deutet darauf hin.

3.4 Eigenes Hintergrundbild auswählen

Persönliche Bilder als Hintergrund machen sich immer gut – seien es Fotos von den eigenen Haustieren, ein Urlaubsbild oder Aufnahmen von den Kindern oder Enkeln. Am einfachsten ist es, wenn Sie das Foto mit Ihrem Smartphone geknipst haben. Diese Variante stellen wir hier vor:

- Zeigen Sie in der Galerie-App das gewünschte Foto an (mehr zu dieser App erfahren Sie auf Seite 103). Es ist nicht leicht, ein passendes Bild zu finden, vielleicht müssen Sie mehrere ausprobieren.
- Tippen Sie rechts unten auf die drei Punkte (···) und wählen Sie *Hintergrund festlegen* ❶ aus.
- Sie erhalten dann eine Vorschau. Durch Antippen des Fotos und ziehen, können Sie den Bildausschnitt ggf. noch ein wenig verändern. Tippen Sie dann auf *Anwenden* ❷.
- Anschließend legen Sie fest, wo das Hintergrundbild angezeigt werden soll ❸ - auf dem Startbildschirm, Sperrbildschirm oder auf beiden.

Über *Einstellungen*, Auswahl der Kategorie *Hintergrundbild* und dann Antippen von *Vorinstalliert* finden Sie den ursprünglichen, aber auch noch einige weitere schöne Hintergründe.

3.5 Klingelton einstellen

Sie mögen den Standardklingelton nicht? Das lässt sich ändern und so geht's:

- Rufen Sie die *Einstellungen* Ihres Smartphones auf und tippen Sie dann auf die Kategorie *Ton & Vibration* ❶.
- Tippen Sie auf *Klingelton* ❷ und anschließend auf *Alle Klingeltöne*.
- Hier können Sie aus einer Vielzahl von Klingeltönen auswählen. Tippen Sie einfach einen Eintrag der Liste ❸ an. Der gewählte Klingelton ertönt. Falls nicht, überprüfen Sie die Lautstärke (siehe Seite 136).
- Wenn Ihnen ein Ton gefällt, verlassen Sie das Auswahlmenü mit der Home-Taste.

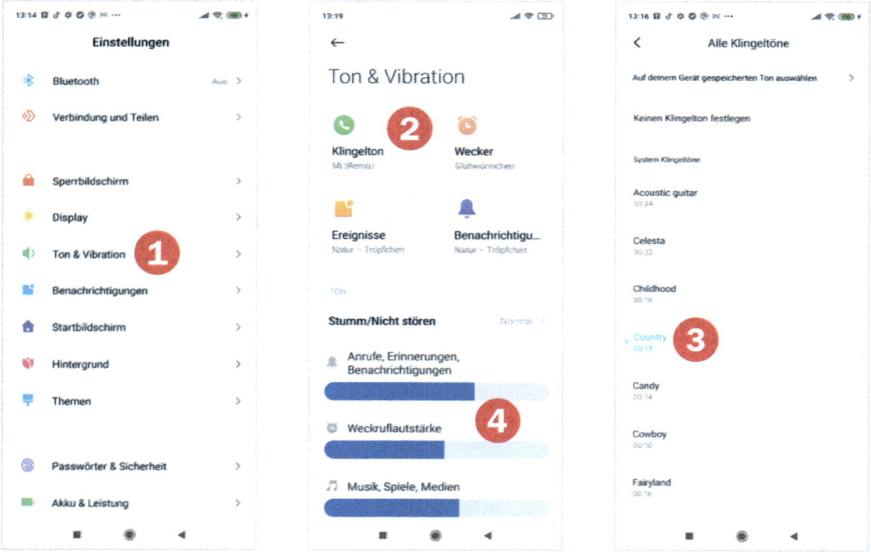

In der Kategorie *Ton & Vibration* haben Sie die Möglichkeit, die Lautstärke von unterschiedlichen Bereichen, wie Anrufe, Wecker und Musik etc. unabhängig voneinander einzustellen ❹.

3.6 Startbildschirm anpassen

Momentan verfügen Sie über 2 bis 3 Startbildschirmseiten. Diese Zahl erhöht sich automatisch, wenn Sie zahlreiche Apps installieren und mehr Platz benötigt wird. Auf der ersten Seite Ihres Startbildschirm sollten Sie die Apps anzeigen, die Sie häufig verwenden. Falls Sie eine App gar nicht benötigen, können Sie diese auch deinstallieren (siehe Seite 66).

App verschieben: Die App kann von einem zum anderen Startbildschirm verschoben werden oder nur ihre Position auf der Seite verändern. In diesem Beispiel verschieben wir die App *Themen* von der ersten auf die zweite Seite.

- Drücken Sie mit dem Finger auf die App, bis das Menü angezeigt wird. Jetzt können Sie die App an die gewünschte Position ziehen.
- Wenn die App auf einem anderen Bildschirm sein soll, ziehen Sie sie an den Rand ❶, bis der andere Bildschirm erscheint.

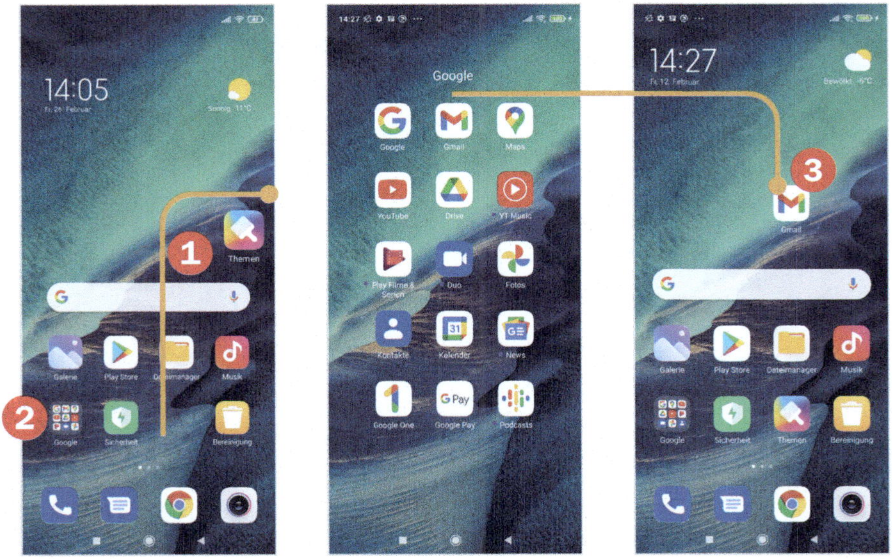

Ordner: Manche Apps benötigen Sie öfter, sodass es unpraktisch ist, dass diese sich in einem Ordner verstecken, das gilt z. B. für die App *Gmail*, mit der Sie E-Mails versenden.

- Öffnen Sie den Ordner *Google* ❷ durch Antippen. Tippen Sie etwas länger auf die App Gmail und ziehen Sie diese dann nach oben. Der Startbildschirm wird angezeigt. Positionieren Sie die App und lassen sie los ❸.

Profitipp! Eigenen Ordner anlegen: Ziehen Sie eine App auf eine andere, so wird ein Ordner angelegt. Wenn Sie auf den Ordner tippen und darin auf den vergebenen Ordnernamen, können Sie diesen ändern.

3.7 Widgets verwenden

Mit Widgets werden aktuelle Informationen bereitgestellt oder ein schneller Zugriff auf Anwendungen ermöglicht. Diese finden Sie nur auf dem Startbildschirm. Über Widgets erhalten Sie z. B. aktuelle Wetterinformationen, WhatsApp-Nachrichten oder einen Player zum Abspielen von Musik. Widgets sind Apps, die Sie nicht öffnen müssen, um das Wichtigste zu sehen. Sie können in verschiedenen Größen auf dem Startbildschirm angeordnet werden.

Zwei Widgets haben Sie bereits auf dem Startbildschirm - das Wetter-Widget und das Google Widget ❶. Für Google ist keine weitere Aktion mehr notwendig, das Wetter-Widget ❷ sollten Sie noch schnell einrichten oder, wenn Sie es nicht verwenden möchten, entfernen (siehe Seite 58).

Das Wetter-Widget zeigt die Temperatur für Ihren aktuellen Standort an.

- Tippen Sie auf das Wetter-Widget und bestätigen Sie die Datenschutzerklärung mit *Zustimmen* ❸.
- Geben Sie nun Ihren Standort in die Suchleiste ein ❹ und fügen Sie ihn über + ❺ hinzu. Verlassen Sie den Bereich durch Drücken der Home-Taste.
- Wenn Sie das Wetter-Widget gedrückt halten, können Sie es an eine Position Ihrer Wahl verschieben.

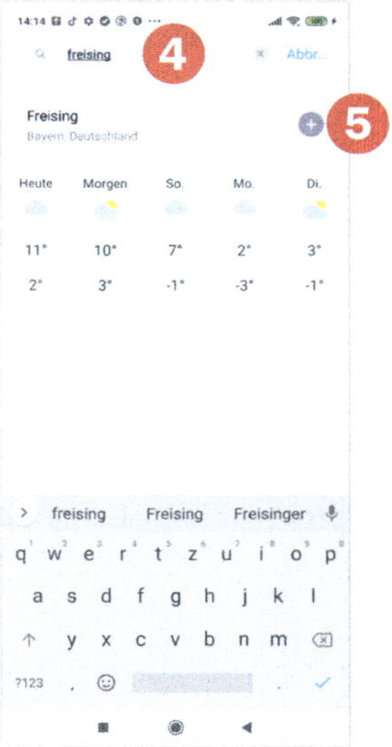

Durch Antippen des Wetter-Widgets erhalten Sie eine stündliche Tageswettervorhersage 6 und eine Vorschau auf die nächsten drei Tage 7. Weiter unten finden Sie weitere Informationen, z. B. Sonnenaufgang 8 und -untergang, Windgeschwindigkeit etc.

Aktualisierung

Wetter und Temperatur ändern sich. Aus diesem Grund muss die App aktualisiert werden, um via Internet die neuesten Informationen abzurufen. Streichen Sie mit dem Finger von oben nach unten über den Bildschirm. Diese Form der Aktualisierung funktioniert bei mehreren Apps, z. B. auch bei Gmail.

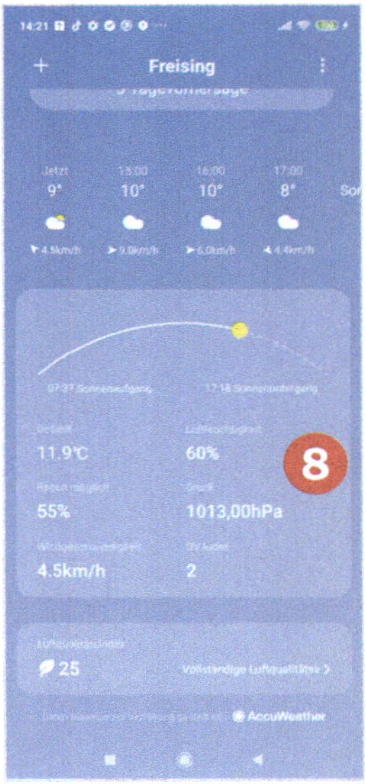

Widgets anzeigen und auswählen

Es gibt noch weitere Widgets und jede neue App, die Sie installieren, kann auch ein neues Widget mitbringen. Im nächsten Beispiel wollen wir das Widget der App *Kalender* auswählen. Mit diesem können Sie das aktuelle Datum mit den von Ihnen eingetragenen Terminen etwas größer auf dem Bildschirm anzeigen.

- Wenn Sie etwas länger mit dem Finger auf eine freie Stelle des Startbildschirms tippen, erscheint die Option *Widgets* ❶. Tippen Sie diese an.
- Wischen Sie durch die Liste, bis Sie *Kalender* ❷ finden. Sie haben mehrere Auswahlmöglichkeiten bezüglich der auf dem Startbildschirm angezeigten Größe des Widgets. Tippen Sie auf die gewünschte Größe und ziehen Sie das Widget auf den Bildschirm. Wenn kein Platz für das Widget ist, erscheint eine Meldung, stoßen Sie dann einfach ein bisschen an den rechten Rand des Bildschirms und verschieben Sie es gleich auf den nächsten Startbildschirm ❸.
- Falls Sie den Bereich einfach nur wieder verlassen möchten, tippen Sie rechts oben auf *Fertig* ❹.

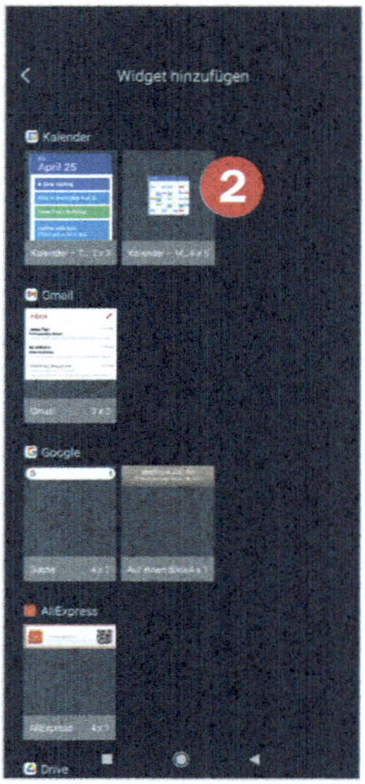

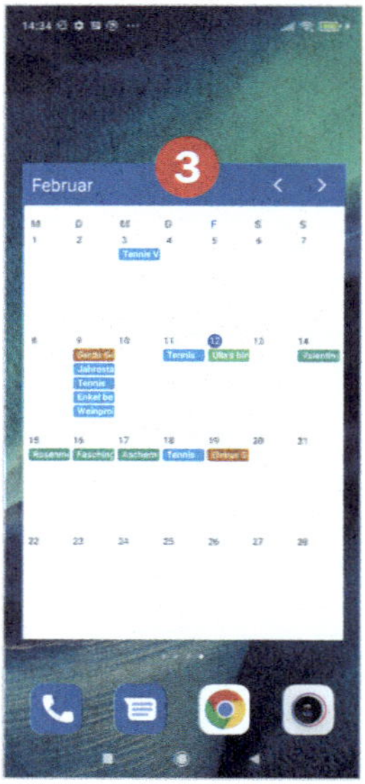

Widget entfernen

- Tippen Sie etwas länger mit dem Finger auf das Widget und wählen Sie *Entfernen* aus.

3.8 Google Discover, Assistant und die Suche deaktivieren

Google Discover ausschalten: Mit einem Wisch von der Startseite nach rechts zeigen Sie Google Discover an. Es gibt zahlreiche Apps, die aktuelle Nachrichten zur Verfügung stellen, z. B. Tagesschau, Focus Online, n-tv und viele mehr. Sie können sich auch für ein regionaleres Angebot entscheiden. Wer eine andere App verwendet, kann die Bildschirmseite ausblenden; so geht's:

- Rufen Sie die *Einstellungen* auf.
- Tippen Sie auf *Startbildschirm* ❶ und ziehen Sie den Regler bei *Google Discover* auf *Aus* ❷.

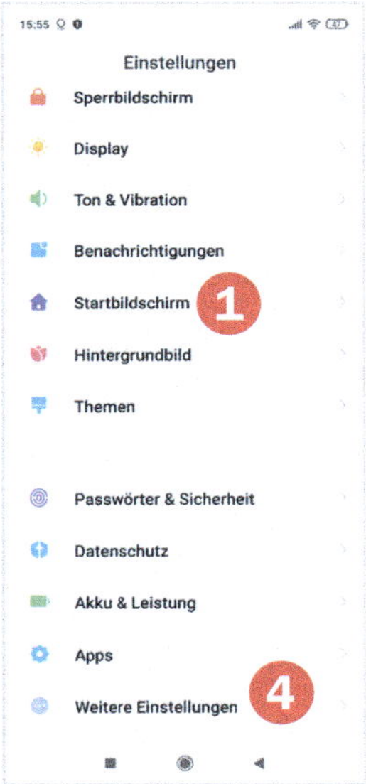

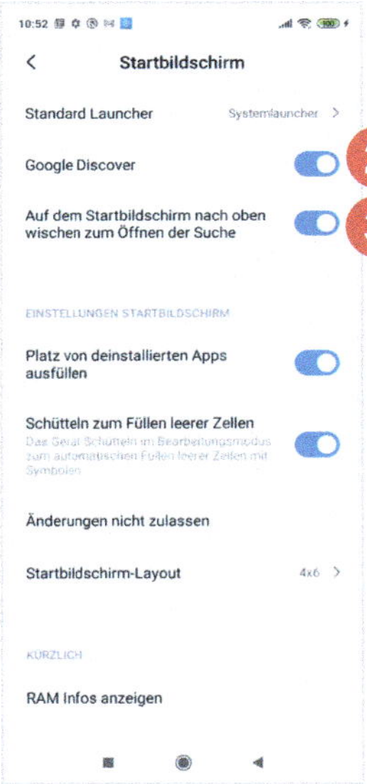

Suche ausschalten: Sie öffnen einen Browser indem Sie auf dem Startbildschirm von unten nach oben wischen. Auch das können Sie über *Einstellungen* ▸ *Startbildschirm* ▸ *Auf dem Startbildschirm nach oben wischen zum Öffnen der Suche* ❸ deaktivieren.

Google Assistant von der Home-Taste entfernen: Öffnen Sie die *Einstellungen*. Tippen Sie auf *Weitere Einstellungen* ❹ ▸ *Tastenverknüpfungen* ▸ *Google Assistant starten*. Hier wählen Sie *Nichts* ❺ aus.

3.9 Benachrichtigungen und Berechtigungen

Benachrichtigungen verwalten

Sie erhalten eine Vielzahl von Benachrichtigungen (siehe auch Seite 37) verschiedener Apps, z. B. über neue E-Mails, WhatsApp-Nachrichten, News, Infos aus dem Play Store und vieles mehr.

- Öffnen Sie *Einstellungen* und tippen Sie auf *Benachrichtigungen* ❶. Hier ist eine Liste installierter Apps, die Benachrichtigungen anzeigen.
- Über die Bereiche *Sperrbildschirm* (Benachrichtigung auf dem Sperrbildschirm, *Popup* (Nachricht in der Benachrichtigungsleiste) und *Plaketten* (roter Kreis an der App weist auf Benachrichtigung hin) können Sie einstellen, wo eine Benachrichtigung angezeigt werden soll. So können Sie z. B. für die App Gmail unterbinden, dass Benachrichtigungen, also in diesem Fall der Inhalt einer E-Mail, auf dem Sperrbildschirm angezeigt werden. Tippen Sie dazu auf *Sperrbildschirm* ❷ und ziehen Sie den Regler bei *Gmail* nach links auf die Position *Aus* ❸. Auf neue E-Mails werden Sie dann immer noch in der Benachrichtigungsleiste hingewiesen, aber nicht mehr auf dem Sperrbildschirm, wo die E-Mail jeder lesen kann.

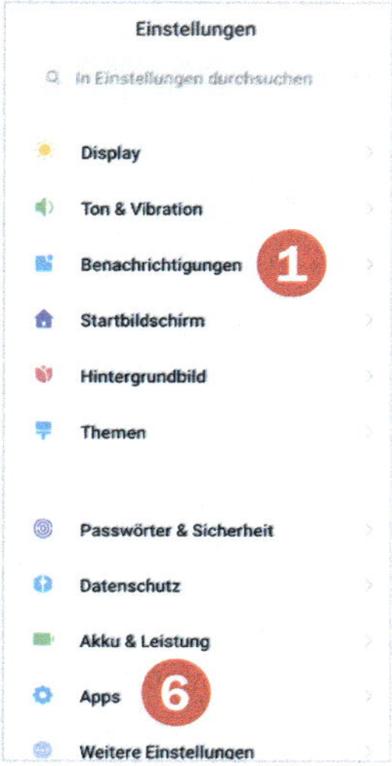

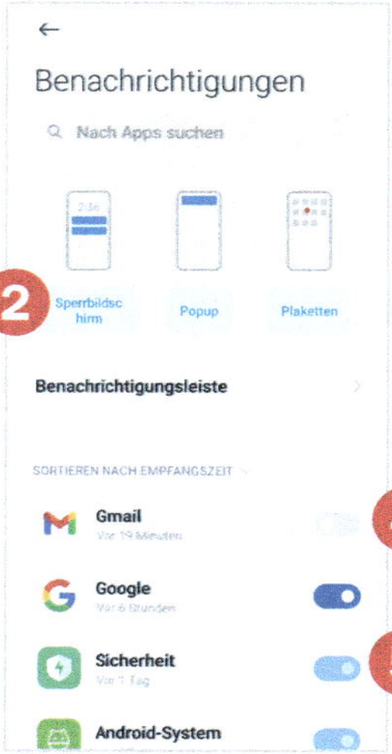

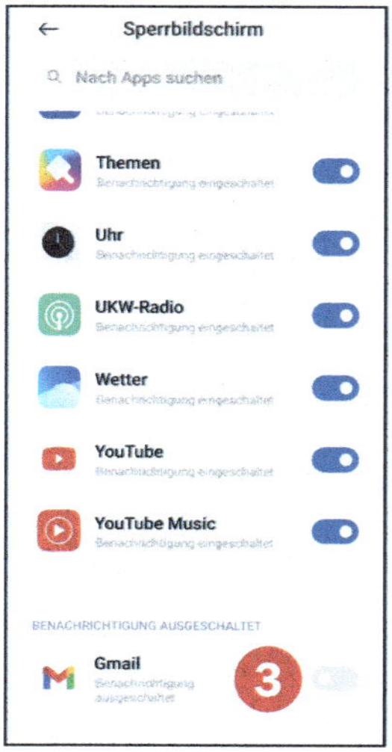

- Wenn Sie Benachrichtigungen von dieser App insgesamt als unnötig erachten, ziehen Sie den Regler direkt im Benachrichtigungsfenster nach links auf die Position *Aus* ❹. Für einige Apps, z. B. *Sicherheit* ❺, können Benachrichtigungen nicht deaktiviert werden.

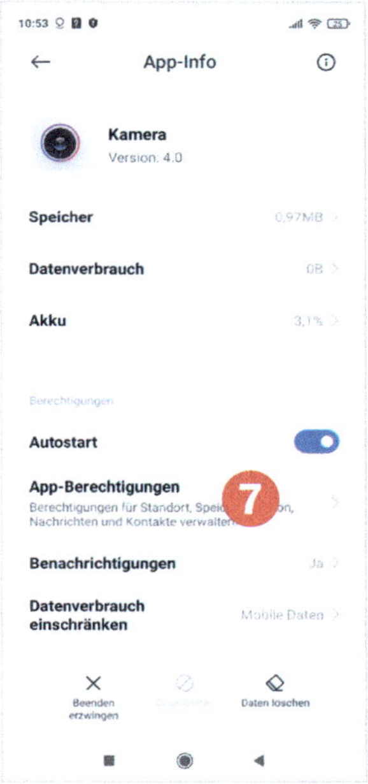

Berechtigungen kontrollieren

Vielleicht kennen Sie das jetzt schon: Beim Öffnen von Apps oder beim Ausprobieren einer speziellen App-Funktion erscheint eine Meldung die Sie auffordert den Zugriff auf einen bestimmten Bereich des Smartphones zuzulassen. Dabei ist es schwer pauschal zu sagen, auf was eine App zugreifen darf. Beispielsweise benötigen Messenger-Apps, wie z. B. WhatsApp oder Threema, Zugriff auf Ihre Kontakte. Wenn ein Spiel auf Ihre Kontakte zugreifen möchte, ist das zumindest ungewöhnlich.

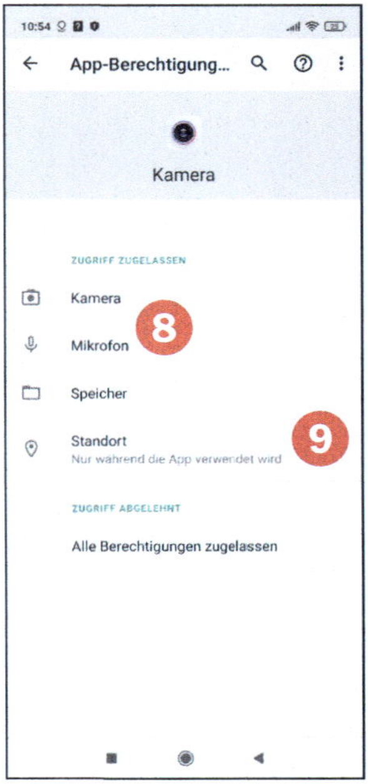

Die Berechtigungen finden Sie unter *Einstellungen* ▶ *Apps* ❻ (Abbildung vorherige Seite) ▶ *Apps verwalten*. Tippen Sie hier die App an, deren Berechtigungen Sie kontrollieren möchten und tippen Sie dann auf *App-Berechtigungen* ❼. Im Beispiel werden die Berechtigungen der App *Kamera* angezeigt. Vielleicht wundert man sich zunächst über das *Mikrofon* ❽, aber das wird für die Audioaufnahme beim Videodreh benötigt.

Wenn Sie möchten, können Sie den Zugriff auf den Standort entziehen. Dann werden keine Standortinformationen mehr für Fotos angezeigt (siehe auch Seite 95). Dazu tippen Sie auf *Standort* ❾ und dann auf *Ablehnen*.

4 Alles rund um Apps

Ohne Apps ist das Smartphone nicht zu gebrauchen. Wie man Apps findet, installiert und verwaltet, erfahren Sie in den nächsten Abschnitten.

Was sind eigentlich Apps?
Eine App (Application) ist eine Anwendungssoftware mit unterschiedlichen Funktionen. Sie können mit Apps Ihr Smartphone erweitern, sodass es zu einem ganz individuellen Gerät wird.

4.1 Apps finden

Apps erhalten Sie im Play Store. Teilweise werden Ihnen Apps auch über Webseiten zur Verfügung gestellt. Davon würden wir abraten, da Sie so die Kontrollfunktionen des Stores nicht nutzen und es wahrscheinlicher wird, sich samt der App Schadsoftware zu installieren. Wir zeigen Ihnen hier, wie Sie den Play Store verwenden. Öffnen Sie die App Play Store:

- Tippen Sie in das Suchfeld ❶ und geben Sie über die Tastatur den Namen der App ein, z. B. WhatsApp. Sie müssen das meist gar nicht ausschreiben, weil eine Liste mit Vorschlägen ❷ angezeigt wird, aus der Sie durch Antippen auswählen. Achten Sie darauf, dass Sie nicht aus Versehen auf eine Kategorie ❺ getippt haben: Sie werden in der Kategorie *Bücher* keine Apps finden.
- Anstatt des Namens der App können Sie in das Suchfeld auch eingeben, was Sie tun möchten, z. B. Pflanzen bestimmen ❸. Sie erhalten eine Trefferliste mit passenden Apps, aus der Sie eine auswählen können.
- **Stöbern:** Auf der Startseite zeigen Sie durch vertikales Wischen verschiedene Inhalte an. Wenn Sie ein Bereich interessiert, tippen Sie auf → ❹ oder wischen Sie App für App in horizontaler Richtung.

Der Store ist in die Kategorien *Spiele*, *Apps*, *Filme/Serien* und *Bücher* unterteilt ❺. Diese sind weiter untergliedert, z. B. *Top-Charts* (mehr durch horizontales Wischen). Dieses Register finden Sie oben.

Wenn Sie auf der Startseite das Suchfeld vermissen, wischen Sie vertikal leicht nach unten.

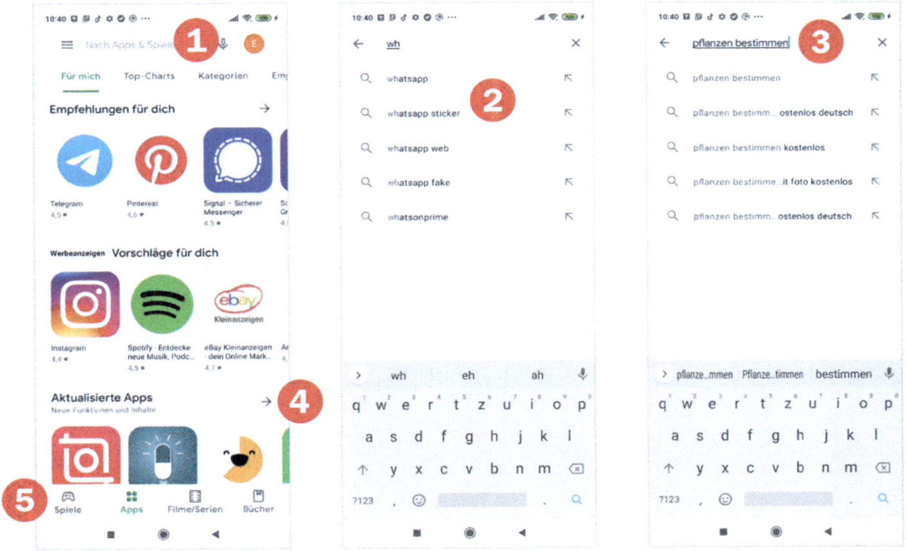

- Wenn Sie den App-Namen ausgewählt haben, erscheint in der Regel keine Liste möglicher Apps, sondern gleich die gesuchte ❻.
- **Trefferliste:** Nach einer Suchanfrage erhalten Sie eine lange Liste ❼ mit Apps, die zu Ihrer Anfrage passen. Wischen Sie vertikal nach oben, um weitere Treffer anzuzeigen.
- Durch Antippen einer App in der Liste erhalten Sie weitere Informationen:
  - MIt *Über diese App →* ❽ erhalten Sie eine ausführliche Beschreibung zur App. Mit der Zurück-Taste gelangen Sie wieder zur vorherigen Seite.
  - Viele Downloads bedeuten, dass eine große Anzahl an Menschen die App installiert hat. Das ist nicht immer ein Qualitätskriterium, aber als Hinweis nützlich.
  - Wischen Sie vertikal über den Bildschirm und zeigen Sie die *Bewertungen & Rezensionen* an. Die Meinung anderer Nutzer ist oft hilfreich.
  - Wenn Ihnen die App gefällt, tippen Sie auf *Installieren* ❾.

- Sollten Sie die App nicht installieren wollen, gelangen Sie mit der Zurück-Taste oder dem Pfeil links ❿ oben wieder zur Trefferliste und dann zur Startseite.

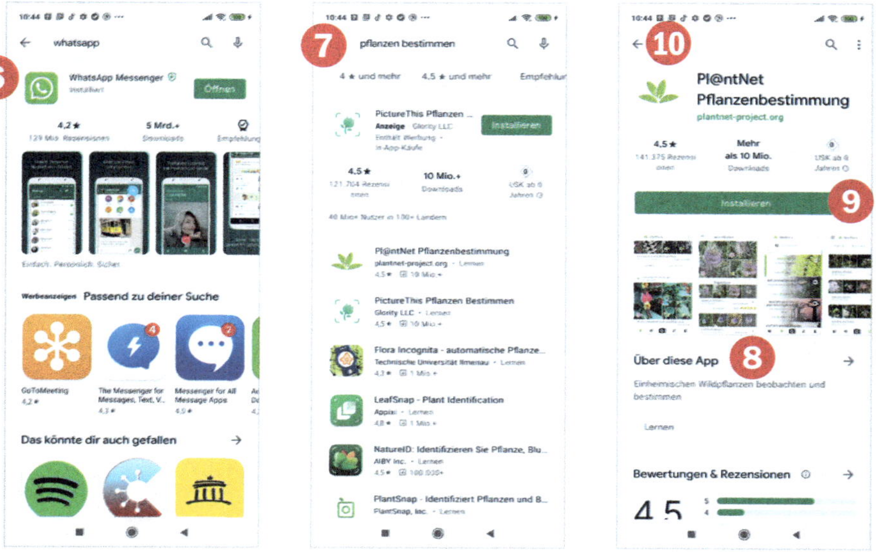

4.2 App installieren

- **Kostenlose App:** Durch Anklicken der Schaltfläche *Installieren* ❶ starten Sie die Installation. Nach Abschluss starten Sie die App mit *Öffnen*.
- **Kostenpflichtige App:** Tippen Sie auf die Preis-Schaltfläche ❷. Dann tippen Sie auf *Zustimmen*. Im nächsten Fenster sehen Sie nochmals den Preis der App und wie viel Guthaben Ihnen zur Verfügung steht. Wenn Sie noch kein Guthaben zur Verfügung haben, lesen Sie zuerst auf der nächsten Seite, wie man eine Geschenkkarte einlöst.

Tippen Sie auf *Tippen & Kaufen* ❸. Damit startet die Installation. Tippen Sie auf *OK*. Unter Umständen erhalten Sie einen Hinweis auf ein Google Play Pass Probeabo. Tippen Sie auf *Nein, danke*. Nun kann die App geöffnet werden.

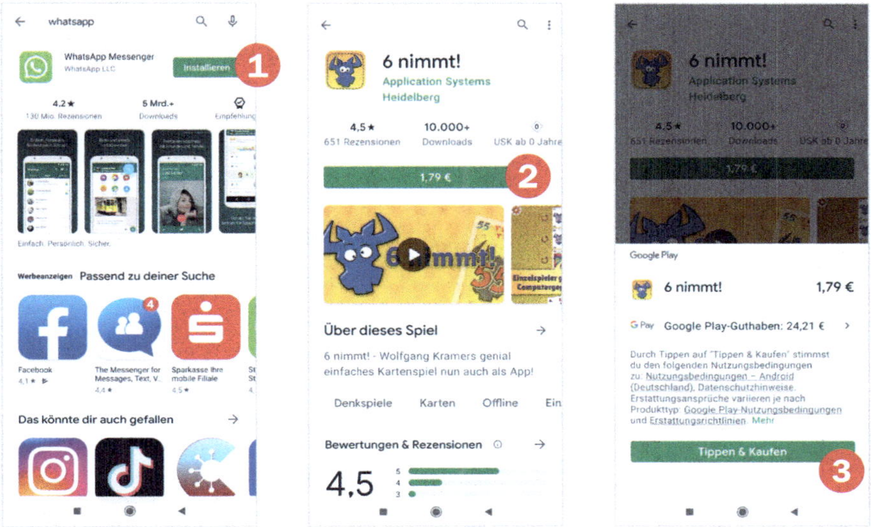

Geschenkkarte einlösen

Im Play Store gibt es viele kostenlose Apps. Sie werden also nicht sofort in die Verlegenheit kommen, für eine App bezahlen zu müssen. In der Kategorie Bücher sieht das natürlich anders aus. Kostenlose Apps beinhalten oft Werbung oder bieten In-App-Käufe an. Damit erwerben Sie Zusatzfunktionen, die mehr oder weniger notwendig für die Verwendung der App sind. Manche Apps können auch nur als kostenlose Testversion heruntergeladen werden. Dann steht die App nur für einen bestimmten Zeitraum zur Verfügung und kann dann nicht mehr verwendet werden, außer sie wird gekauft.

Es gibt eine Reihe von Zahlungsmöglichkeiten, die für den Play Store hinterlegt werden können, z. B. Kreditkarte oder PayPal. Wir empfehlen die Google Play Geschenkkarte mit Gutscheincode. Diese kann in Super- und Elektromärkten sowie Drogerien gekauft werden. Es gibt sie schon ab einem Preis von 5 €, den Sie im rechten oberen Eck des Gutscheins ablesen können.

- Um den Wert der Geschenkkarte Ihrem Konto gutzuschreiben, klicken Sie im Play Store oben links auf ≡ und wählen ganz unten *Einlösen* ❶ aus. Hier geben Sie den freigerubbelten Code ❷ Ihrer Gutscheinkarte ein und tippen auf *Einlösen* ❸.

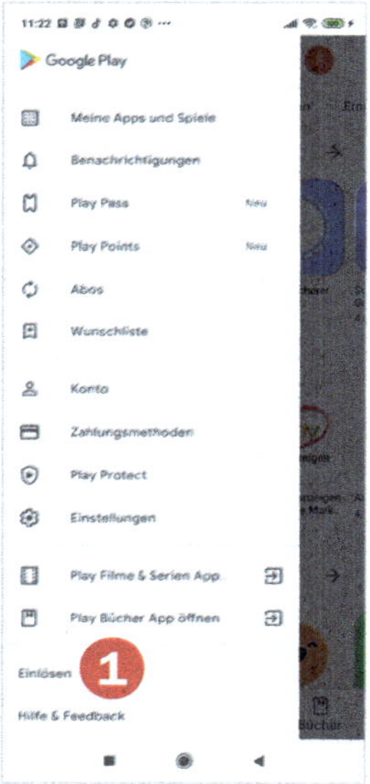

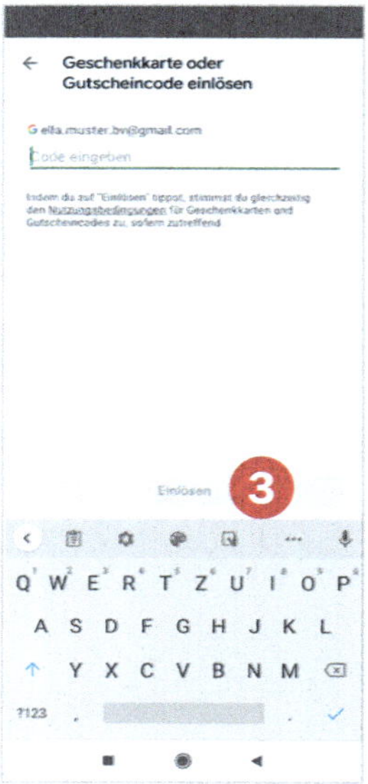

4.3 App löschen

Eine Reihe von Apps sind schon auf Ihrem Smartphone installiert und werden auch dringend benötigt, z. B. die Apps Telefon, Kontakte, Kamera, Einstellungen etc. Diese können gar nicht deinstalliert werden ❶.

Andere vorinstallierten Apps, wie z. B. Netflix oder Facebook, aber auch einige Spiele, sollten Sie entfernen, wenn Sie diese nicht verwenden möchten. Das ist nur unnötiger Ballast, der jederzeit wieder installiert werden kann, wenn Sie es sich anders überlegen. Diese und alle von Ihnen installierte Apps können so gelöscht werden:

- Tippen Sie etwas länger auf das App-Symbol.
- Wählen Sie dann im Menü *Entfernen* ❷ aus.

> Falls Sie den Lite-Modus (siehe Seite 50) verwenden, wird beim längeren Antippen einer App nicht das Menü eingeblendet. Stattdessen wird am oberen Rand des Displays ein Papierkorbsymbol angezeigt. Darauf ziehen Sie die App und lassen los. Durch Antippen von *Entfernen* bestätigen Sie die Löschung.

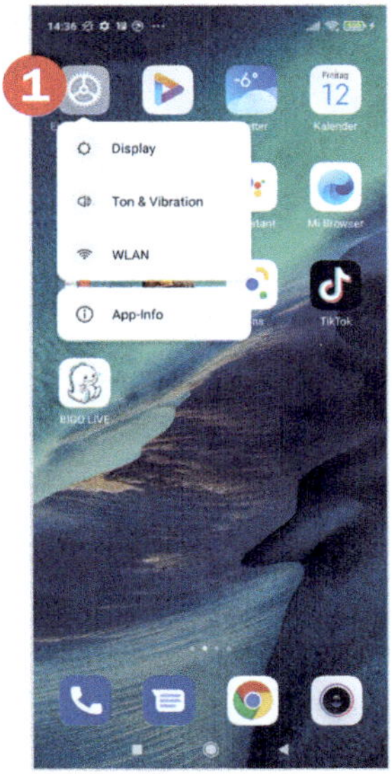

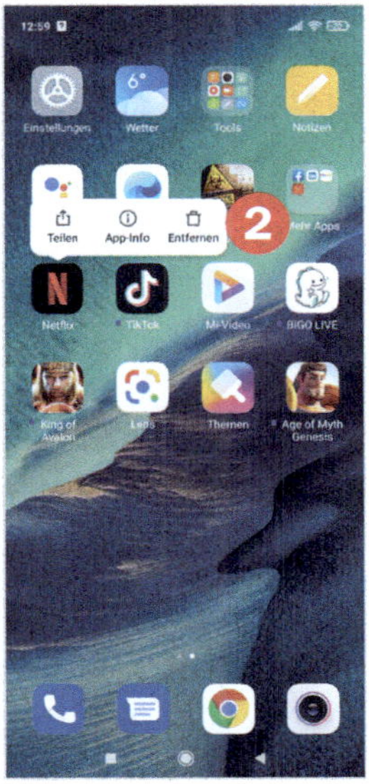

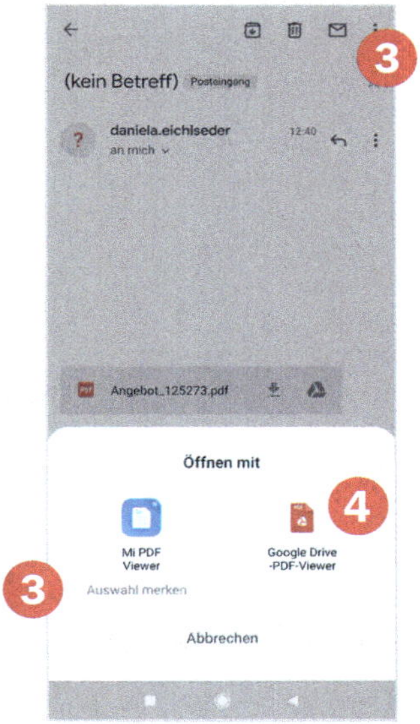

4.4 Standardapps festlegen

Zur Anzeige von E-Mails benötigen Sie eine E-Mail-App. Um PDF-Dateien zu betrachten, wird ein PDF-Viewer gebraucht und um Internetseiten aufzurufen, muss eine Browser-App installiert sein.

PDFs können Sie sowohl mit der App *Mi PDF Viewer* als auch mit *Google Drive PDF Viewer* anzeigen. Beide sind auf Ihrem Smartphone vorhanden. Wenn Sie nun ein PDF über einen Link öffnen (z. B. ein Link in WhatsApp oder einer E-Mail), dann dürfen Sie entscheiden, mit welcher App die Seite angezeigt werden soll. Sie erhalten dann eine Abfrage wie im Bild oben rechts.

- Damit Sie diese Anzeige nicht dauernd wieder erhalten, müssen Sie sich entscheiden, ob Sie lieber mit Mi oder Google arbeiten. Dazu statten Sie das Kästchen neben *Auswahl merken* ❸ mit einem Häkchen aus und tippen den entsprechenden PDF-Viewer an ❹.
- Wer sich noch nicht gleich entscheiden mag, tippt einen PDF-Viewer an, ohne vorher *Auswahl merken* mit einem Häkchen zu versehen. Das bedeutet aber auch, dass Sie beim nächsten Mal wieder gefragt werden.

4.5 Updates

Sowohl Ihre Apps als auch die Software Ihres Smartphones erhält von Zeit zu Zeit Aktualisierungen, um Sicherheitslücken zu schließen, Fehler zu beheben, bestehende Funktionen zu verbessern oder neue hinzuzufügen. Die Updates im Auge zu behalten, ist nicht nur aus Gründen der Sicherheit wichtig. Updates sollten auch in regelmäßigen Abständen heruntergeladen werden, um den vollen Funktionsumfang zu erhalten. Wenn zu viele Updates über einen langen Zeitraum verpasst werden, treten vermehrt Fehler auf.

Android-Systemupdate

Auf die Notwendigkeit, ein Softwareupdate Ihres Smartphones durchzuführen, werden Sie durch eine automatische Einblendung auf dem Bildschirm aufmerksam gemacht.

- Wenn Sie das Update durchführen möchten, tippen Sie auf *Jetzt installieren*. Beachten Sie aber unbedingt:
  - Sie können während des Updates das Smartphone nicht verwenden.
  - Das Handy wird neu gestartet, Sie benötigen also die PIN der SIM-Karte, um das Gerät zu entsperren.
  - Sie sollten das Update nur durchführen, wenn Ihr Smartphone mit einem WLAN verbunden ist. Wenn Sie gerade unterwegs sind, verschieben Sie es.
  - Das Update nimmt keine Änderung an Ihren gespeicherten Daten (Fotos, Nachrichten, Adressen) vor. Bei jeder Installation verbleibt allerdings ein Restrisiko. Sie können also Daten vorher sichern.
- Wenn Sie das Update momentan nicht durchführen möchten, klicken Sie einfach auf den Home-Button.
- Natürlich ist aufgeschoben nicht aufgehoben. Sie sollten das Update zeitnah installieren.
- Sie finden die Systemupdates in den *Einstellungen*, tippen Sie auf *Mein Gerät* ❶ und anschließend auf *MIUI-Version* ❷. Tippen Sie hier auf *Auf Updates prüfen* ❸. Wenn ein Update vorhanden ist, wählen Sie *Jetzt installieren* bzw. *Jetzt neustarten*, falls es schon installiert wurde.

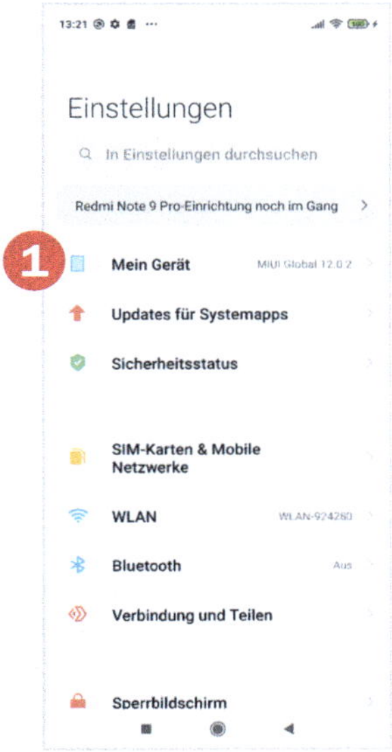

- Während der Installation kann der Bildschirm auch schwarz werden. Die meiste Zeit sehen Sie einen Fortschrittsbalken.

Apps aktualisieren im Play Store

Updates Ihrer installierten Apps erhalten Sie über den Play Store. Hier sollten Sie festlegen, dass Updates automatisch heruntergeladen werden, wenn Ihr Smartphone mit einem WLAN verbunden ist. Das ist die Standardeinstellung. So vergewissern Sie sich, dass diese auch bei Ihnen festgelegt ist:

- Öffnen Sie den Play Store und tippen Sie links oben auf das Menü-Symbol ☰.
- Tippen Sie dann auf *Einstellungen* ❶: Bei *Automatische App-Updates* ❷ sollte folgender Text stehen: *Automatische App-Updates nur über WLAN zulassen*. Sie sollten Updates nur über WLAN installieren, da sonst das Datenvolumen des Mobilfunkvertrags zu stark belastet wird.
- Falls das nicht der Fall ist, tippen Sie auf *Automatische App-Updates* und wählen *Nur über WLAN* ❸ aus. Bestätigen Sie durch Tippen auf *FERTIG*. Die Einstellungen verlassen Sie über die Zurück-Taste.

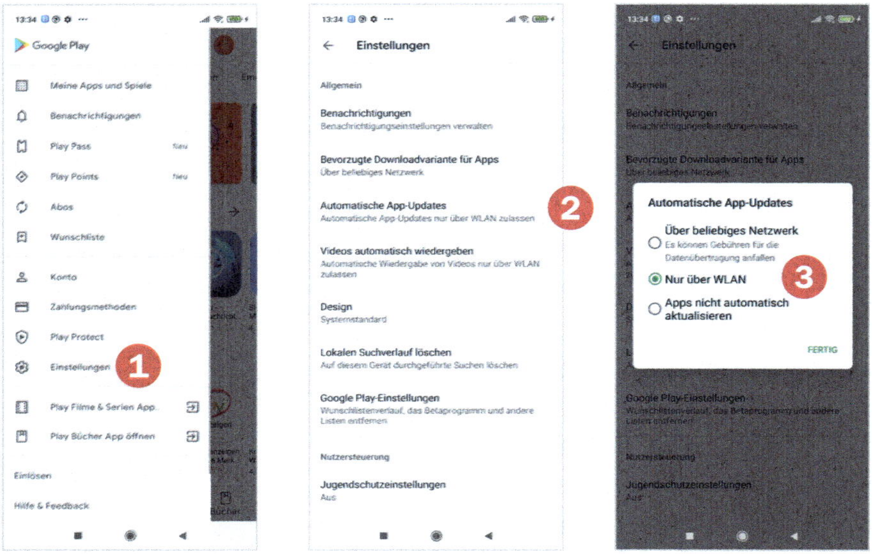

Bei manchen Apps wird das automatische Update nicht unterstützt. Hier müssen Sie dann die Aktualisierung manuell anstoßen. So geht's:

- Tippen Sie im Play Store auf das Menü-Symbol ≡ und wählen Sie *Meine Apps und Spiele* ❶ aus.
- Dieser Bereich ist in mindestens drei Register unterteilt: *Updates*, *Installiert* und *Mediathek* ❷. Das Register *Updates* ist standardmäßig ausgewählt.
- Bei *Ausstehende Updates* finden Sie Aktualisierungen, die Sie manuell durchführen müssen. Tippen Sie auf *Alle aktualis.* ❸, um die Updates für alle angezeigten Apps herunterzuladen.
- Im Bereich darunter sehen Sie die Updates, die automatisch erfolgt sind.

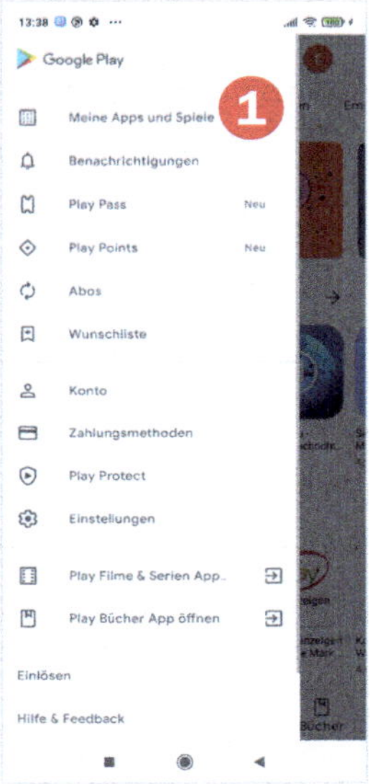

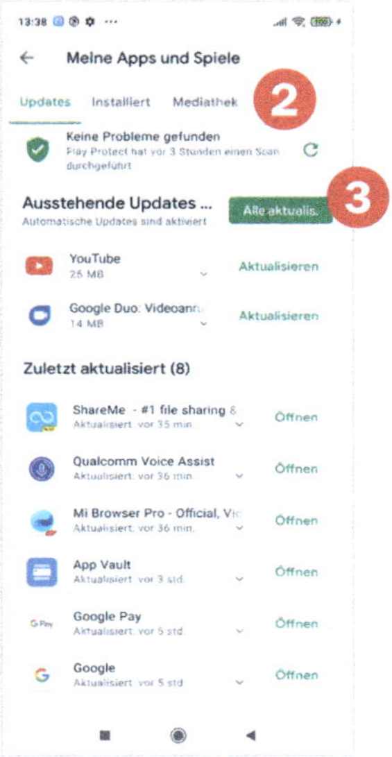

Tipp: In der Mediathek (zum Anzeigen einfach darauf tippen) finden Sie Apps, die schon einmal auf Ihrem Smartphone installiert waren, aber entfernt wurden. Falls Sie eine App vermissen, können Sie diese hier leicht finden und wieder installieren.

System-Apps aktualisieren

Über *Einstellungen* ▶ *Updates für Systemapps* aktualisieren Sie spezielle Xiaomi-Apps; dabei handelt es sich vor allem um Apps die Sie im Ordner *Tools* finden. Tippen Sie auf *Alle Aktualisieren* und dann auf *Weiter*, um ein Update für alle angezeigten Apps durchzuführen. Auch hier sollten Sie mit einem WLAN verbunden sein, um das Datenvolumen des Mobilfunkvertrags nicht unnötig zu belasten.

Die Sprache der Apps verstehen

Apps haben ihre eigene Sprache. Wenn Sie diese verstehen, können Sie sich schnell auch in neuen Anwendungen zurechtfinden. Folgende Befehle werden immer durch ähnliche grafische Darstellungen gekennzeichnet.

Befehl	Symbol
Suchfunktion	
Menü: Anzeige von weiteren Bearbeitungsbereichen, z. B. Einstellungen oder Konto	 oder 
Teilen, Inhalte der App versenden via E-Mail, WhatsApp etc., auf einem Cloud-Speicher ablegen oder in eine andere Anwendung laden	
Löschen des markierten Elements	
Einstellungen der App aufrufen	
Schließen, z. B. eingeblendete Werbung	
Chat: Nachricht schreiben	
Kontaktinformationen hinterlegen oder einfügen	
Wecker oder Erinnerung ist aktiv	
Warenkorb/Einkaufswagen	
Favoriten: Das markierte Element kann als Favorit festgelegt werden und wird dadurch gesondert angezeigt.	
Video starten	
Video pausieren	
Kalender anzeigen	

Brief/ E-Mail	
Dreieck mit Ausrufezeichen: Warnung	
Datei anhängen	
Anzeigen, z. B. ein Kennwort, und wieder verstecken	
Cloud (Wolke): zusätzlicher externen Speicherplatz	
Standortermittlung (GPS-Ortung) benötigen viele Apps, um passende Informationen bereitzustellen, z. B. Wetter.	
Offline-Modus, Schlafmodus oder Flugmodus: Alle Netzverbindungen, WLAN und Bluetooth werden deaktiviert.	
Startseite der App	
Über die Glühbirne erhalten Sie Tipps oder weitere Infos.	
Durch Antippen des Häkchens bestätigen Sie eine Eingabe.	
Bearbeiten eines Eintrags	

5 Tatsächlich telefonieren

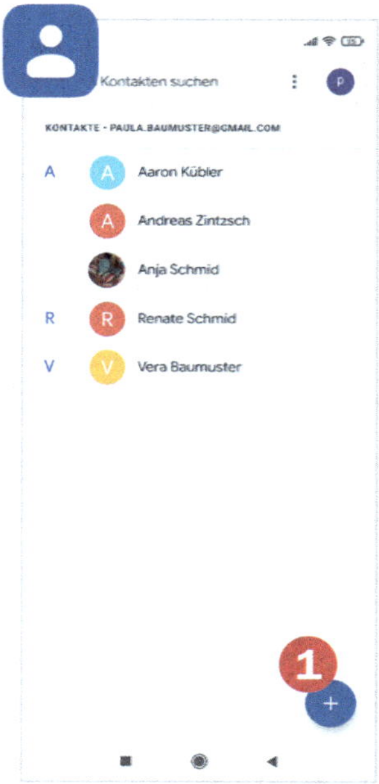

Die jüngere Generation macht fast alles mit dem Smartphone - außer telefonieren. Wir glauben noch an das Telefonat, deswegen möchten wir ihm hier ein Kapitel widmen. Am bequemsten telefonieren Sie, wenn Sie die Telefonnummern Ihrer Familie und Freunde im Adressbuch des Smartphones gespeichert haben.

5.1 Das Adressbuch verwalten

Das Adressbuch finden Sie auf Ihrem Smartphone in der App *Kontakte*. Diese befindet sich im Google-Ordner. Falls Sie beim Öffnen der App schon Kontakte vorfinden, haben Sie diese unter Umständen bereits für Ihr Gmail-Konto, vielleicht im Zuge des Schreibens von E-Mails, abgespeichert.

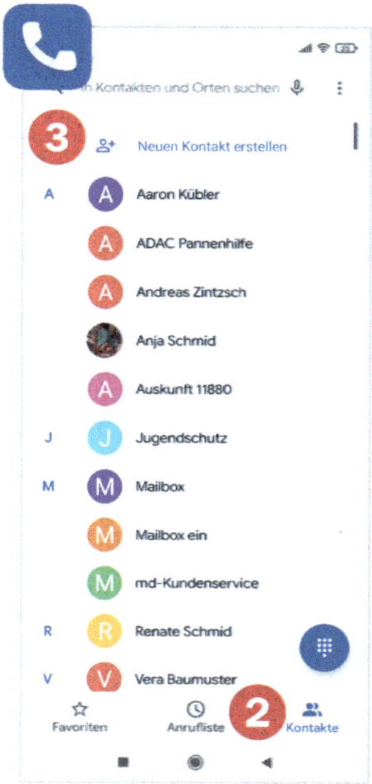

Möchten Sie einen neuen Kontakt anlegen, tippen Sie auf das Plus-Symbol ❶. Kontaktdaten können Sie auch ganz leicht über die App *Telefon* speichern. Die Daten werden ebenfalls in der App *Kontakte* angezeigt. Da es praktischer ist, alles gleich über die App *Telefon* zu regeln, zeigen wir Ihnen die Vorgehensweise anhand dieser App.

Kontakte abspeichern

- Öffnen Sie die App *Telefon* und tippen Sie auf *Kontakte* ❷.
- Um einen neuen Kontakt einzuspeichern, tippen Sie auf *Neuen Kontakt erstellen* ❸.

- Beim Hinzufügen eines Kontakts entscheiden Sie, wo dieser gespeichert werden soll: *Google-Konto*, *Mi-Konto* oder *SIM-Karte*. Die beiden Ersteren bietet den Vorteil, dass Ihre Kontakte extern gesichert sind und z. B. bei Verlust des Telefons weiterhin zur Verfügung stehen. Mit der Option *SIM-Karte* können nur Name und Telefonnummer gespeichert werden. Tippen Sie auf *Speichern unter* ❹ und wählen Sie einen Speicherort.
- **Foto:** Mit dem Kamera-Symbol ❺ knipsen Sie ein neues Bild (*Foto machen*) oder fügen über die Galerie-App dem Kontakt ein bereits vorhandenes Bild hinzu (*Foto auswählen*).
- **Name:** Geben Sie den Vor- und Nachnamen ein.
- **Telefonnummer:** Tippen Sie in das Feld *Telefon*, um eine Telefonnummer einzugeben ❻. Beachten Sie, dass jede Nummer mindestens mit Ortsvorwahl eingegeben werden muss. Besser ist es, auch die Ländervorwahl zu hinterlegen. Durch längeres Drücken der Null wird ein Pluszeichen für +49 eingefügt. Dann folgt die Vorwahl ohne Führungsnull.
- Mit *x* ❼ entfernen Sie einen Eintrag wieder.

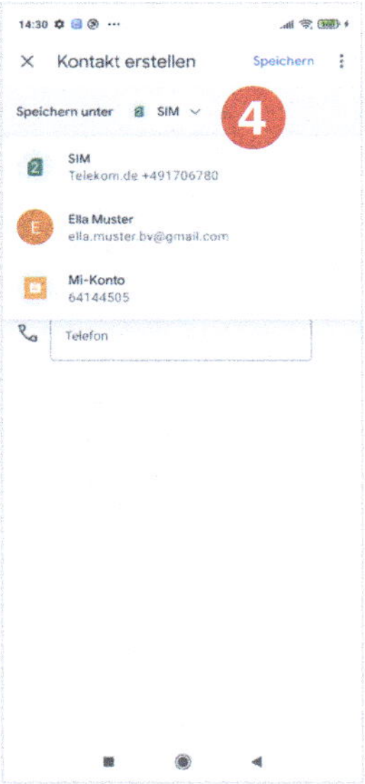

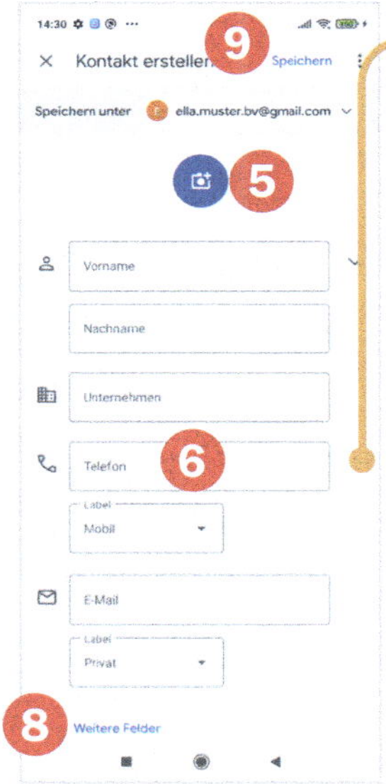

Sobald Sie eine Telefonnummer eingegeben haben, erscheint darunter ein weiteres Feld, falls Sie mehrere Nummern eingeben wollen.

Tippen Sie auf *Mobil*, um einen Nummerntyp auszuwählen (*Privat*, *Geschäftlich* etc).

- Wenn Sie auf *Weitere Felder* ❽ tippen, erhalten Sie weitere Eingabemöglichkeiten, z. B. zur Adresse, Webseite oder zur Speicherung des Geburtstags (dazu gleich mehr auf der nächsten Seite).
- Um den Kontakt abzuspeichern, tippen Sie auf *Speichern* ❾.

So vergessen Sie keine Geburtstage!
Wenn Sie einen Kontakt in Ihrem Adressbuch anlegen, können Sie gleich dessen Geburtstag eintragen, der anschließend in der Kalender-App zu sehen ist. Tippen Sie auf *Weitere Felder* ❽ ▶ *Datum*. Um das Geburtsjahr anzeigen zu lassen, setzen Sie ein Häkchen bei *Inklusive Jahr*. Anschließend bewegen Sie den Finger auf dem Bildschirm von unten nach oben und umgekehrt, um Tag, Monat und Jahr auszuwählen. Bestätigen Sie mit *Festlegen*.

Kontakte bearbeiten, favorisieren und löschen

Kontakt bearbeiten: Manchmal kommt es vor, dass sich Details zu einem Kontakt ändern oder Sie etwas ergänzen möchten. Wie Sie diesen bearbeiten, erfahren Sie hier:

- Öffnen Sie den Kontakt in der Telefon-App durch Antippen und wählen Sie unten *Kontakt bearbeiten* ❶ aus.
- Ändern Sie nun Inhalte oder fügen Sie neue hinzu.
- Bestätigen Sie Ihre Änderungen mit *Speichern* ❷.

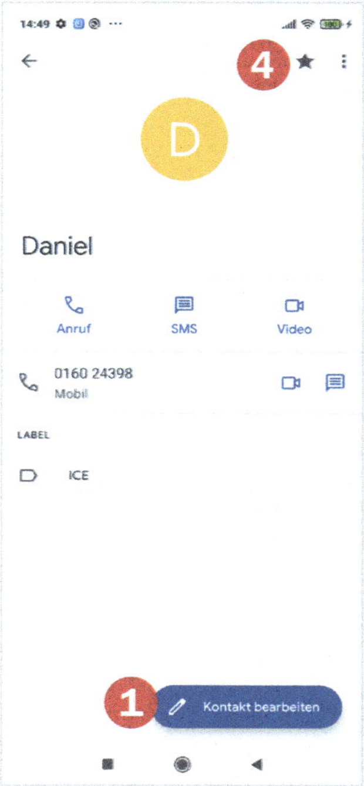

Kontakt löschen:

- Öffnen Sie den Kontakt und tippen Sie rechts oben auf ⋮ .
- Wählen Sie *Löschen* ❸ und dann nochmals *Löschen*.

Kontakt bearbeiten: Einige Kontakte sind wichtiger als andere – nur gut, dass man diese als Favoriten festlegen kann, sodass sie in einer eigenen Rubrik erscheinen und man nicht lange suchen muss.

- Öffnen Sie den Kontakt, den Sie als Favorit hinzufügen wollen.

- Tippen Sie auf das Stern-Symbol ❹ (Abbildung vorherige Seite). Der Stern wird grau ★ angezeigt, damit ist der Kontakt nun ein Favorit.
- Der Kontakt wird nun in der Rubrik *Favoriten* ❺ angezeigt.

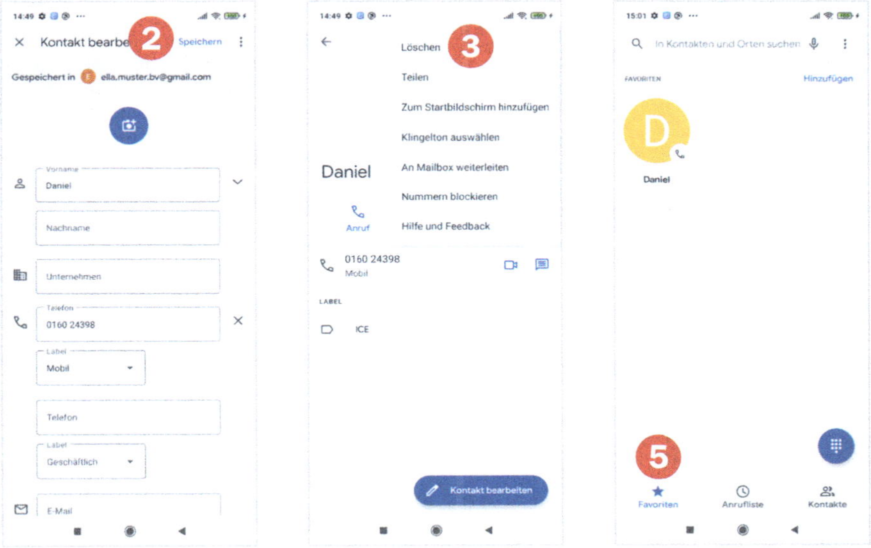

Mist! Meine Handynummer vergessen ...
Öffnen Sie die *Einstellungen* ▶ *Alle Spezifikationen* und zeigen Sie ganz unten die Kategorie *Status* an. Hier finden Sie Ihre Telefonnummer.

Hilfe im Notfall

Schnell ist es passiert - man ist in eine Notsituation geraten und benötigt dringend Hilfe. Ihr Smartphone bietet Ihnen hier eine Lösung: Sie können einen Kontakt anlegen, dem Sie in einem Notfall schnell eine SMS senden können mit Ihren Standortinformationen. Dazu muss das Smartphone nicht entsperrt werden.

- Der Kontakt, den Sie als Notfallkontakt hinterlegen möchten, muss in der App *Kontakte* gespeichert sein. Da eine SMS verschickt wird, sollte nur eine Handy-Nummer hinterlegt sein.
- Öffnen Sie die *Einstellungen* und tippen Sie auf *Passwörter & Sicherheit* und dann auf *SOS-Notfallhilfe* ❶.

- Ziehen Sie den Regler auf *Ein* ❷ und bestätigen Sie die Zugriffsberechtigungen mit *Zulassen*.
- Tippen Sie dann auf *Hinzufügen* ❸, um einen Notfallkontakt zu hinterlegen. Ihr Adressbuch wird angezeigt und Sie können einen Kontakt durch Antippen auswählen.

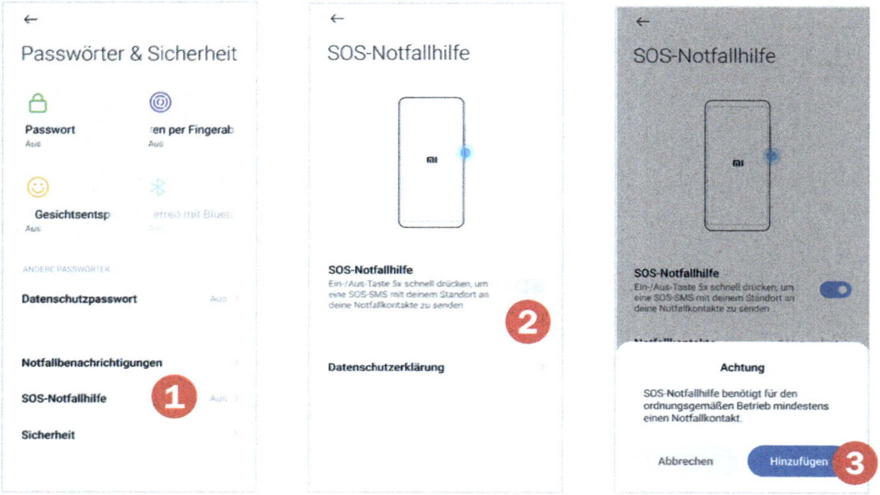

- Danach informieren Sie diesen Kontakt via SMS, dass er nun Ihr Notfallkontakt ist. Dazu tippen Sie auf *Jetzt senden*. So sieht die SMS beim Empfänger aus ❹.
- Im Notfall tippen Sie 5mal schnell hintereinander auf die Funktionstaste (Ein/Aus-Taste). Dazu müssen Sie ihr Smartphone nicht entsperren. Auf dem Display erscheint die Information, dass die Notfallhilfe aktiviert wird. Durch Antippen von *Abbrechen* können Sie die Versendung der SMS noch stoppen. Sonst erhält Ihr Notfallkontakt eine SMS ❺ mit Ihrem Standort.

5.2 Freunde und Familie anrufen

In der App *Telefon* gibt es mit den drei Rubriken *Favoriten*, *Anrufliste* und *Kontakte* verschiedene Möglichkeiten jemanden anzurufen.

Telefonnummer eintippen

Mit ❶ zeigen Sie das Ziffernfeld an und tippen die Telefonnummer einfach ein. Beachten Sie, dass Sie immer die Vorwahl eingeben müssen. Tippen Sie anschließend auf den grünen Hörer ❷ zum Verbindungsaufbau. Mit der Löschen-Taste ⌫ können Sie einen Tippfehler entfernen.

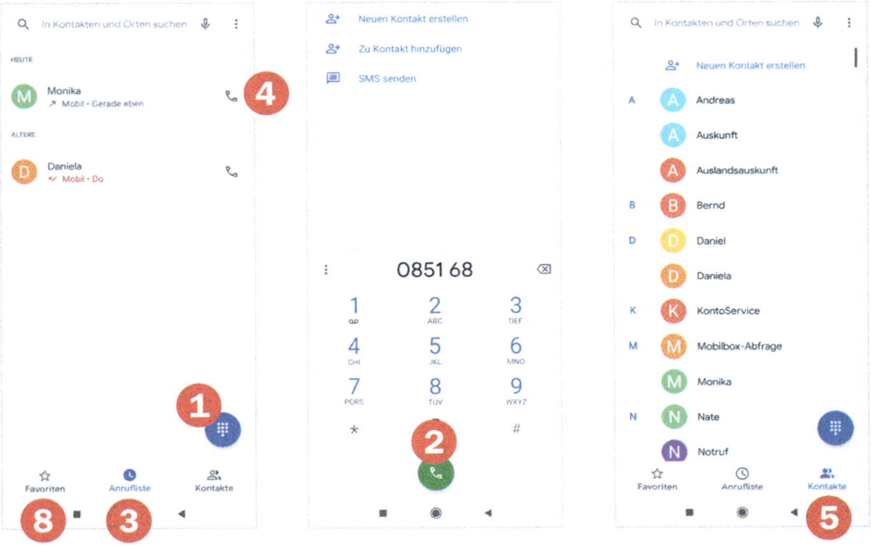

> Unterstrichene Nummern, z. B. in einer SMS oder auf einer Internetseite, weisen darauf hin, dass diese Nummer anwählbar ist, heißt, wenn Sie darauf tippen, werden Sie gefragt, ob eine Verbindung zu dieser Nummer hergestellt werden soll.

Aus der Anrufliste auswählen

Bei *Anrufliste* ❸ wird eine Liste angezeigt, auf der alle verpassten bzw. angenommenen Anrufe und alle Personen, die Sie angerufen haben, vermerkt sind. Wenn Sie einen Kontakt eingespeichert haben, wird in der Liste der Name der Person angezeigt, sonst die Nummer. Auf verpasste Anrufe werden Sie auch durch eine Zahl am App-Symbol aufmerksam gemacht.

- Wollen Sie einen Kontakt erneut anrufen, tippen Sie einfach auf das Hörer-Symbol ❹ (Abbildung vorherige Seite).

Die Pfeilsymbole neben den Anrufen in der Anrufliste haben folgende Bedeutung:

- Dieser Anruf wurde von Ihnen getätigt.
- Verpasster Anruf
- Sie wurden angerufen und haben den Anruf angenommen.

Achtung! Sollten Sie die Nummer nicht kennen, ist Vorsicht geboten. Mit einer Rückrufmasche versuchen Betrüger Sie zu verleiten, bei kostenpflichtigen Telefonnummern anzurufen und Sie dann durch unverständliche Bandansagen oder Warteschleifen möglichst lang in der Leitung zu halten. So ein Anruf kann dann mehrere Euro pro Minute kosten. Meist werden dazu ausländische Telefonnummern verwendet, deren Ländervorwahl deutschen Ortsvorwahlen ähnelt, z. B. 00241 Gabun, 0241 Aachen oder Sonderrufnummern wie die 00882 oder 00883.

Aus dem Adressbuch auswählen

Bei *Kontakte* ❺ (Abbildung vorherige Seite) wählen Sie einen bestimmten Kontakt aus, den Sie eingespeichert haben. Die Liste ist alphabetisch sortiert. Zum „Blättern“ durch das Adressbuch streichen Sie vertikal über den Bildschirm.

Tippen Sie zunächst auf den Kontakt und dann auf *Anruf* ❻. Sind mehrere Telefonnummern hinterlegt, tippen Sie die gewünschte ❼ an.

> Wenn Sie einen Kontakt in Ihrem Adressbuch aufrufen, können Sie diesen nicht einfach nur über einen Sprachanruf kontaktieren, sondern Sie haben auch die Möglichkeit, einen Videoanruf zu tätigen oder eine SMS zu schreiben.

In den *Favoriten* ❽ (vorherige Seite) sind Ihre Lieblingskontakte aufgeführt. Durch Antippen wird die Person sofort angerufen, außer Sie haben mehrere Telefonnummern hinterlegt. Dann müssen Sie im zweiten Schritt eine auswählen.

5.3 Anruf annehmen oder nicht?

- **Annehmen:** Wenn Sie einen Anruf erhalten, tippen Sie auf den grünen Hörer ❶ und ziehen ihn nach oben. Das ist auch möglich, wenn das Smartphone gerade gesperrt ist. Während des Telefonats können Sie den Anruf über diese Taste ❷ kurz stummschalten, dann werden Sie nicht gehört. Mit ❸ schalten Sie den Lautsprecher ein und müssen das Smartphone nicht mehr ans Ohr halten. Das ist ganz praktisch, wenn Sie sich in einer Telefonwarteschlange befinden oder andere das Gespräch mithören sollen. Durch nochmaliges Antippen schalten Sie die Stummschaltung bzw. den Lautsprecher wieder aus.

> Durch Antippen von *Wähltasten* erhalten Sie im Gespräch ein Ziffernfeld. Für Anrufe bei Behörden oder Firmen wird die Zuteilung des korrekten Ansprechpartners zum Teil durch Eingabe von Nummern gelöst: „Für Fragen zu einer Rechnung tippen Sie die 1."

- **Ablehnen:** Haben Sie gerade keine Zeit, dann tippen Sie auf den grünen Hörer ❹ und ziehen ihn nach unten. Oder geben Sie dem Anrufer via SMS Bescheid, dass Sie den Anruf nicht entgegennehmen können: Tippen Sie auf *Antworten* ❺ und wählen Sie eine Nachricht ❻ durch Antippen aus.

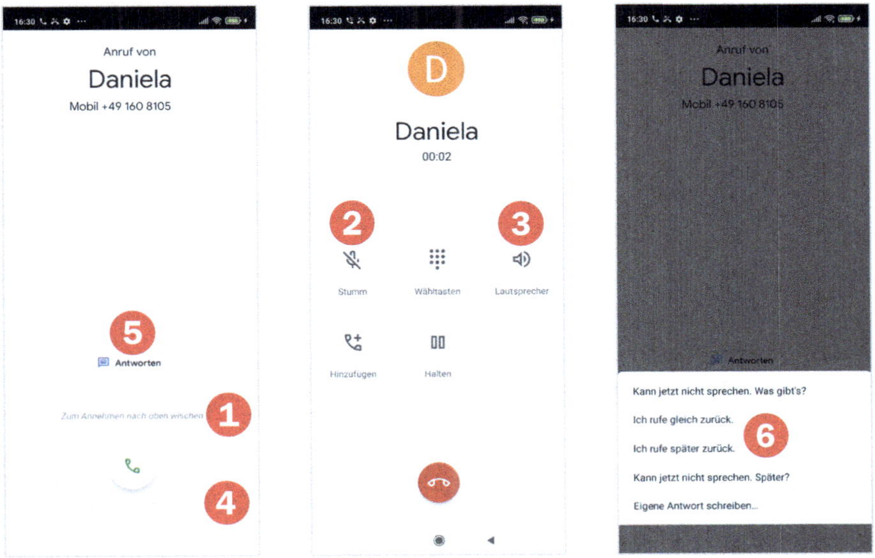

Jemanden anrufen

1 Öffnen Sie die App Telefon und wählen Sie unten *Kontakte* ❶ aus.

2 Tippen Sie auf die Kontaktdaten der Person, die Sie anrufen möchten. Dadurch werden die Details ❷ des Kontakts angezeigt.

3 Tippen Sie auf das Telefonsymbol ❸.

4 Die Person wird angerufen. Durch Antippen des roten Hörers beenden Sie das Gespräch.

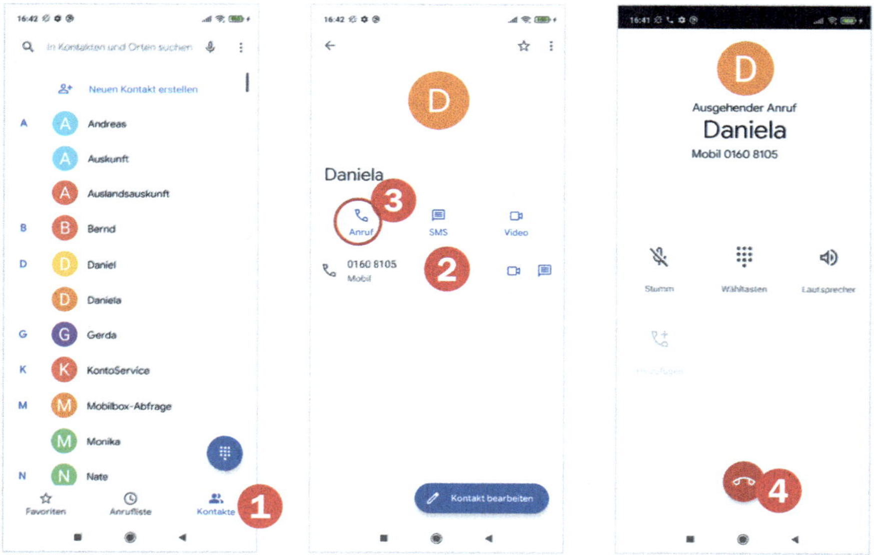

Wenn Sie versehentlich die falsche Person anrufen, können Sie durch Antippen des roten Hörers ❹ ebenfalls den Anrufversuch beenden.

6 Nachrichten und Fotos versenden

SMS, E-Mail und Nachrichten über WhatsApp erleichtern die Kommunikation mit den Mitmenschen ungemein. Ein kurzer Text getippt, schnell auf Senden gedrückt und sofort kommt die Nachricht beim Empfänger an. In diesem Kapitel werden die Apps *Nachrichten*, *Gmail* und *WhatsApp* behandelt.

6.1 SMS versenden und empfangen

Eine SMS ist eine Mitteilung, die 160 Zeichen lang ist. Umfasst Ihre Nachricht mehr Zeichen wird automatisch eine zweite verschickt. Der Versand von SMS kann zusätzliche Kosten verursachen, ist aber auch bei vielen Anbietern kostenlos. Hier müssen Sie einen Blick in Ihren Vertrag werfen.

Trotz vieler anderer komfortabler und funktionsreicher Kommunikationsapps hat die SMS immer noch ihre Berechtigung. Sie erhalten Informationen Ihres Mobilfunkanbieters als SMS, z. B. eine Benachrichtigung wenn Sie sich in einem ausländischen Netz befinden, auch Zugriffscodes werden via SMS versendet. Gegenüber WhatsApp hat die SMS einen Vorteil: sie kann auch versendet werden, wenn keine mobilen Daten und kein WLAN zur Verfügung stehen.

Eine SMS (Short Message Service - Kurznachrichtendienst) versenden Sie über die Nachrichten-App, die auf Ihrem Smartphone vorinstalliert ist.

SMS versenden

- Öffnen Sie die *Nachrichten*-App auf Ihrem Smartphone.
- Chat auswählen:
  - Tippen Sie auf die Schaltfläche *Chat starten* ❶ und tippen Sie bei *Empfänger* den Namen der Person ein. Schon nach den ersten Buchstaben erhalten Sie eine Trefferliste ❷. Hier können Sie den passenden Kontakt durch Antippen auswählen.
  - Falls Sie mit der Person bereits Nachrichten ausgetauscht haben, können Sie auch den vorhandenen Chat durch Antippen anzeigen. Dann ist der Empfänger bereits eingetragen.

- Tippen Sie in das Nachrichtenfeld ❸ unten und verfassen Sie Ihre Nachricht.
- Senden Sie Ihre Nachricht, indem Sie auf ⊳ tippen.

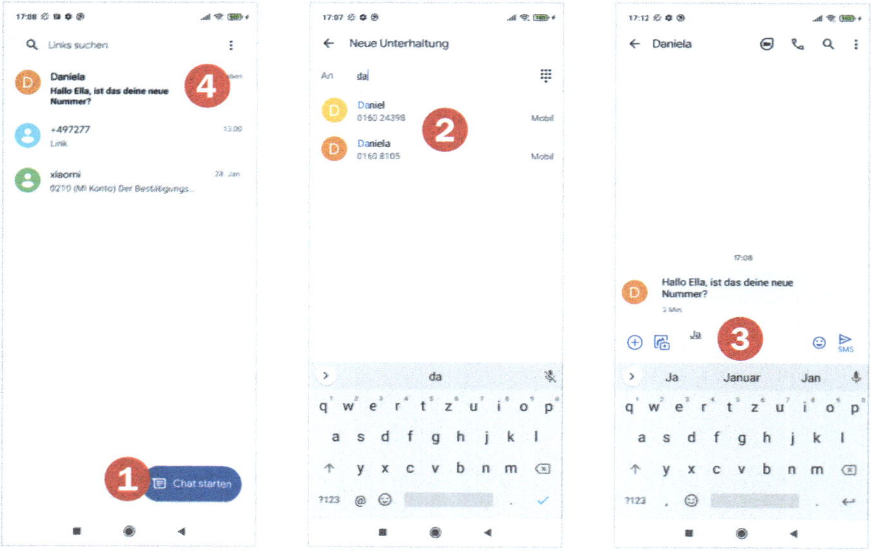

Über die Nachrichten-App können auch Bilder versendet werden. Tippen Sie dazu neben dem Texteingabefeld auf 🖼. Damit erhalten Sie Zugriff auf Ihre Bilder und können durch Antippen das Gewünschte auswählen. Aber Vorsicht, für das Versenden einer MMS (SMS mit Foto) fallen zusätzliche Kosten an.

SMS erhalten

Auf den Eingang einer SMS werden Sie im Benachrichtigungsfeld und durch eine Ziffer (Anzahl der neuen SMS) am App-Symbol hingewiesen.

Nach dem Öffnen der App sehen Sie Ihre Nachrichten. Ungelesene sind fett markiert ❹ (siehe Bild oben links). Durch Antippen öffnen Sie diese und können im Nachrichtenfeld antworten. Mit der Zurück-Taste gelangen Sie wieder zur Übersicht.

Chat löschen

Um einen Nachrichtenverlauf zu löschen, tippen Sie ihn etwas länger an und wählen oben das Papierkorb-Symbol 🗑.

6.2 Über E-Mail kommunizieren

Zum Verfassen und Empfangen von E-Mails empfehlen wir die Nutzung von *Gmail*, da hier bereits die Daten Ihres Benutzerkontos, welche Sie während der Einrichtung des Handys eingegeben haben, hinterlegt sind. Sie können sofort loslegen. Wahrscheinlich werden Sie den Großteil des E-Mail-Verkehrs am PC erledigen. Sie können dasselbe Konto mit Ihrem Smartphone und dem Computer verbinden.

Sie finden *Gmail* im Ordner *Google* auf dem Startbildschirm. Zum Öffnen tippen Sie diesen an und wählen *Gmail*.

Neue E-Mail lesen

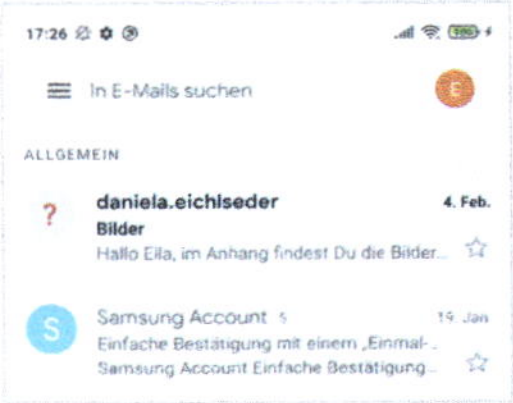

Dass eine neue E-Mail eingetroffen ist, sehen Sie schon an der angezeigten Nummer beim Gmail-Symbol. Öffnen Sie die Gmail-App im Ordner *Google*. Der Posteingang wird automatisch angezeigt. Neue E-Mails finden Sie immer ganz oben in der Liste. Sie blättern durch die Liste durch vertikales Wischen.

Zum Lesen des Inhalts tippen Sie die neue E-Mail an. Mit der Zurück-Taste gelangen Sie wieder zur Übersicht.

Tipp: Neue E-Mails kündigen sich bereits auf dem Sperrbildschirm an. Die Benachrichtigung, dass eine neue E-Mail eingetroffen ist, sehen Sie im Benachrichtigungsbereich. Ziehen Sie vom oberen Rand des Bildschirms nach unten. Tippen Sie auf die E-Mail-Nachricht, um diese anzuzeigen.

E-Mail beantworten

Um eine E-Mail zu beantworten, tippen Sie in der geöffneten Mail auf ↰. Bei *Antworten* wählen Sie aus, ob Sie nur dem Absender oder allen antworten möchten. Der Betreff wird mit dem Zusatz Re übernommen. Schreiben Sie Ihren Nachrichtentext und tippen Sie auf ▷.

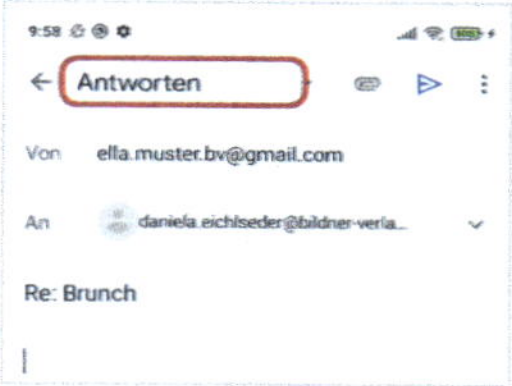

Neue E-Mail verfassen

Tippen Sie auf *Schreiben* und tragen Sie im Feld *An* die E-Mail-Adresse des Empfängers ein. Beim Eingeben der ersten Buchstaben erhalten Sie meist schon Vorschläge für mögliche Empfänger. Tippen Sie einen Vorschlag an, um diesen zu übernehmen. Tippen Sie dann auf *Betreff* und geben Sie einen kurzen Hinweis ein. Berühren Sie das Feld darunter, um den eigentlichen Nachrichtentext zu verfassen.

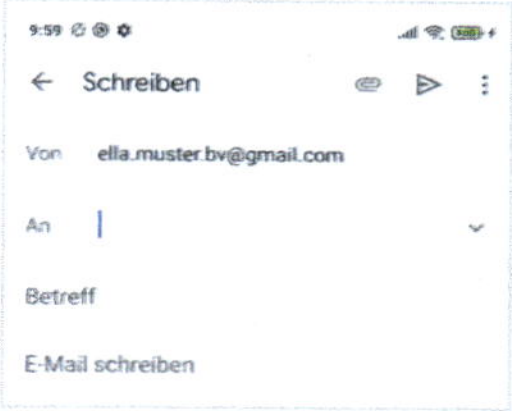

Foto oder Video versenden

Mit dem Klammer-Symbol können Sie via Gmail Dateien (Fotos, kurze Videos etc.) versenden. Wählen Sie nach Antippen der Klammer *Datei anhängen* aus und navigieren Sie beispielsweise zu Ihrem Bilderordner. Durch Antippen öffnen Sie den Ordner und wählen das Bild aus. Die Nachricht wird wie gewohnt bearbeitet und versendet.

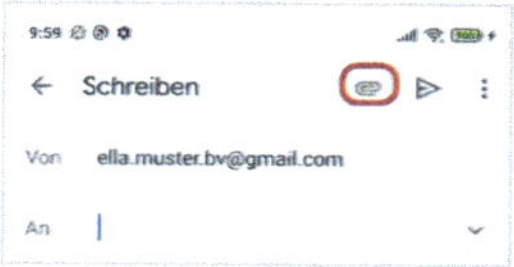

E-Mail löschen

Durch längeres Antippen einer E-Mail erhalten Sie weitere Bearbeitungsmöglichkeiten. Tippen Sie auf das Papierkorb-Symbol oben rechts, um die markierte E-Mail zu löschen. Die gelöschte E-Mail verbleibt 30 Tage im Papierkorb und wird dann endgültig gelöscht.

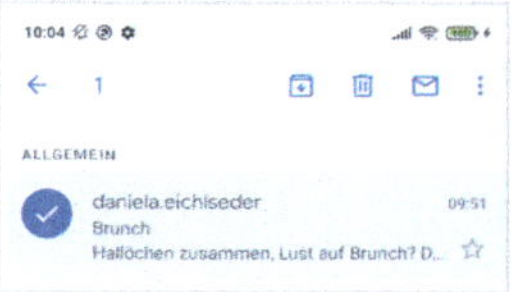

6.3 Nachrichten über WhatsApp

Via WhatsApp tauschen Sie Nachrichten, Bilder und Videos mit Freunden aus. WhatsApp-Nachrichten haben für viele Menschen die SMS abgelöst, schließlich ist dieser Dienst kostenlos, man kann ganz einfach Fotos und Videos versenden und sogar Sprach- und Videoanrufe tätigen. Zunächst muss die App aus dem Play Store heruntergeladen werden. Wie das geht, haben Sie bereits auf Seite 64 erfahren.

WhatsApp einrichten

- Nach dem Öffnen der App stimmen Sie den Nutzungsbedingungen mit *Zustimmen und Fortfahren* ❶ zu. Um diese zu lesen, tippen Sie auf die farbig hinterlegten Worte und zeigen mit der Zurück-Taste danach wieder WhatsApp an.
- Tragen Sie dann Ihre Telefonnummer ein ❷. Der Landescode *+49* wird automatisch vorangestellt. Dadurch entfällt die erste Null Ihrer Telefonnummer. Bestätigen mit *OK* ❸.
- Zur Verifikation der Telefonnummer wird eine SMS gesendet und in der Regel auch gleich übernommen. Ansonsten tippen Sie den sechsstelligen Code ein. Wenn Sie keine SMS erhalten haben, überprüfen Sie die angezeigte Telefonnummer. Hat sich ein Tippfehler eingeschlichen, dann tippen Sie auf *Falsche Nummer?*. Ist die Nummer richtig, wählen Sie entweder *SMS erneut senden* oder *Anrufen lassen*.
- Tippen Sie auf *Weiter* ❹, um die verschiedenen Berechtigungen zu erteilen. Wählen Sie jeweils *Zulassen* für den Zugriff auf Kontakte, sowie Fotos, Medien und Dateien. Wenn Sie WhatsApp mit allen Funktionen verwenden möchten, müssen Sie den Zugriff erlauben.

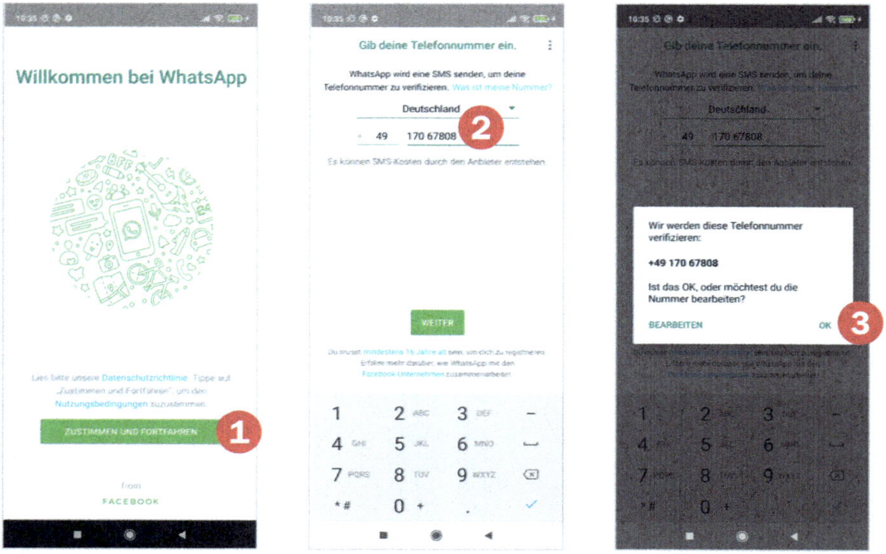

- Falls Sie WhatsApp schon auf einem anderen Smartphone verwendet und es auf Google-Drive gesichert haben, tippen Sie auf *Berechtigung gewähren*, um Ihre Chats, Bilder, Videos etc. auf das neue Smartphone zu laden. Wenn Sie WhatsApp zum ersten Mal verwenden, tippen Sie auf *Überspringen* 5.

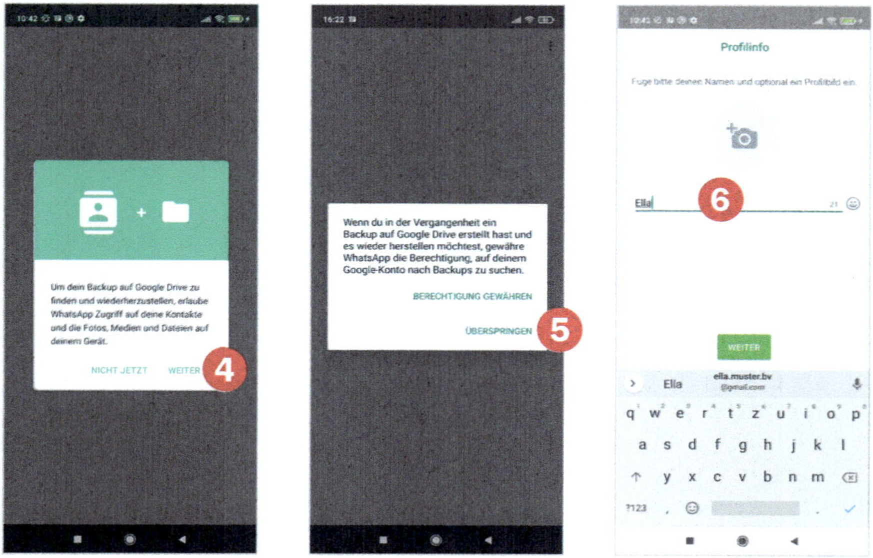

- Geben Sie dann für WhatsApp einen Namen ein, der Ihren WhatsApp-Kontakten angezeigt wird, und laden Sie optional ein Profilbild ❻ hoch. Tippen Sie dann auf *Weiter*. Nun können Sie über WhatsApp Ihren Freunden schreiben.

Eine Nachricht versenden

Um einen neuen Chat zu starten, öffnen Sie das Register *Chats* und tippen Sie auf das Nachrichten-Symbol ❶. Es wird eine Liste aller Kontakte angezeigt, die Sie im Adressbuch Ihres Smartphones (App Kontakte) mit Handynummer gespeichert haben und die WhatsApp verwenden.

Tippen Sie den Namen der Person ❷ an, der Sie eine Nachricht schicken möchten. Es öffnet sich ein neuer Chat. Geben Sie Ihren Text ein. Versenden Sie die Nachricht durch Antippen von ❸.

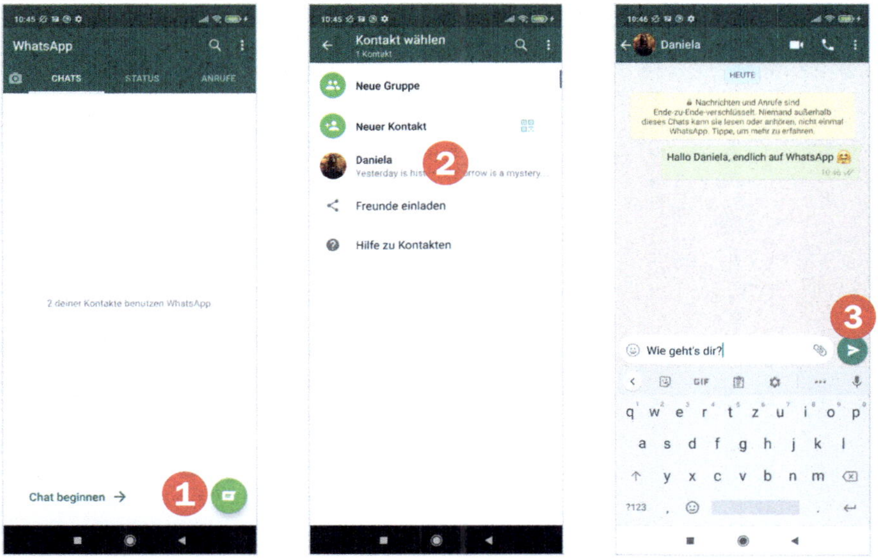

Wenn Sie dieser Person das nächste Mal eine Nachricht schreiben, können Sie einfach den Chat in der Übersicht auswählen.

Fotos/Videos versenden

- Öffnen Sie den Chat mit dem Empfänger, dem Sie Fotos oder Videos schicken wollen.

- Tippen Sie im Texteingabefeld auf das Büroklammer-Symbol ❶ und anschließend auf *Galerie* ❷.
- Dort können Sie Fotos oder Videos auswählen, die Sie auf Ihrem Smartphone gespeichert haben.
- Fügen Sie, wenn gewünscht, eine Bildunterschrift hinzu ❸.
- Senden Sie die Dateien durch Antippen von ❹.

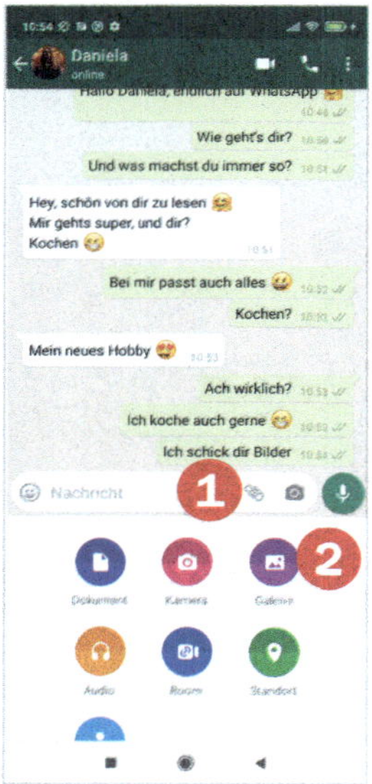

Sprachnachricht verschicken

Über das Mikrofon-Symbol neben dem Texteingabefeld können Sie Sprachnachrichten erstellen und versenden.

- Halten Sie das Mikrofon-Symbol ❶ gedrückt und diktieren Sie Ihren Text.
- Sobald Sie es loslassen, wird die Nachricht automatisch verschickt. Sie müssen also nicht auf *Senden* tippen.
- Um eine längere Nachricht aufzuzeichnen und nicht ständig mit dem Finger auf dem Mikrofon-Symbol bleiben zu müssen, wischen Sie es nach dem Start nach oben, sodass ein kleines Schloss-Symbol ❷ er-

scheint. Wenn Sie die Sprachnachricht abschicken wollen, drücken Sie auf ❸, und wenn Sie sie abbrechen wollen, tippen Sie auf *Abbrechen*.

Sprach- und Videoanrufe

- Öffnen Sie den Chat der Person, mit der Sie telefonieren wollen.
- Tippen Sie oben in der Leiste entweder auf das Hörer-Symbol für einen Sprachanruf oder auf das Kamera-Symbol ❶ für einen Videoanruf.
- Bestätigen Sie anschließend mit *Sprachanruf starten* bzw. *Video starten*. Wenn nötig, erlauben Sie vor dem Videoanruf den Zugriff auf die Kamera.

In WhatsApp chatten

1 Öffnen Sie WhatsApp. Tippen Sie den Chat mit der Person an ❶, der Sie eine Nachricht schreiben möchten.

2 Tippen Sie in das Nachrichtenfeld ❷ und geben Sie Ihre Antwort ein.

3 Über das Büroklammer-Symbol ❸ und Auswahl von *Galerie* können Sie auch ein Bild verschicken.

4 Tippen Sie auf *Senden*.

7 Fotos und Videos

Im Bereich der Kamera und spezieller Fotofunktionen unterscheiden sich die Smartphonemodelle ein wenig. Die grundlegenden Möglichkeiten sind aber bei allen Modellen vorhanden.

7.1 Fotos und Videos aufnehmen

Übersicht der Bedienoberfläche

Optionen von links nach rechts: Blitz, HDR, AI (Künstliche Intelligenz), Filter und Google Lens

Seitenverhältnis, Selbstauslöser und weitere Kameraeinstellungen

Objektivwahl: Ultraweitwinkel, Weitwinkel und Makro

Aufnahmemodi (gelb = aktueller Modus)

Wechsel zwischen vorderer/hinterer Kamera

Auslöser

Vorschaubild

Fotos knipsen

- Öffnen Sie die Kamera-App. Vergewissern Sie sich, dass der Aufnahmemodus *Foto* ❶ ausgewählt ist.
- Wählen Sie zwischen *0,6X* ❷ (passend für Landschaftsaufnahmen), *1X* ❸ (Standard für die meisten Aufnahmesituationen) oder *2X* ❹ (eignet sich für Nahaufnahmen) aus.

- **Scharfstellen:** Falls nötig, tippen Sie auf dem Bildschirm den Teil des Fotos ❺ an, auf den scharf gestellt werden soll. Die Belichtung wird dadurch an den angetippten Bereich angepasst. Gleichzeitig werden neben dem Kreis Pfeile angezeigt. Tippen Sie darauf und ziehen Sie sie nach oben bzw. unten, dann erscheint ein Schieberegler ❻, über den Sie die Belichtung korrigieren können.
- Wenn Sie möchten, können Sie vor der Aufnahme verschiedene Einstellungen ❼ vornehmen, die Ihre Bilder verbessern, z. B. *HDR* HDR (mehrere Bilder mit unterschiedlicher Belichtung, die dann automatisch zusammengesetzt werden), *AI* AI (künstliche Intelligenz - Motive werden automatisch erkannt und die Einstellwerte konfiguriert), *Filter* (vor der Aufnahme können Sie aus verschiedenen Filtern auswählen, z. B. Schwarz-Weiß, Klassisch, Film etc.) und *Google Lens* (siehe Seite 131).
- Wenn Sie zufrieden sind, drücken Sie den Auslöser – entweder am Bildschirm unten ❽ oder über die Lautstärketaste links am Handy. Wenn Sie die Lautstärketaste als Auslöser verwenden, erscheint ein Countdown, den Sie anpassen können - dazu gleich mehr.
- Nach der Aufnahme wird das Foto als Miniaturbild ❾ in der rechten unteren Ecke eingeblendet. So sehen Sie, dass die Aufnahme funktioniert hat. Sie können dann gleich ein neues Bild knipsen.

Geotagging

Nachdem Sie das erste Foto geknipst haben, müssen Sie entscheiden, ob Sie Geotagging zulassen möchten. Dadurch werden Ihrem Foto Standortinformationen hinzugefügt. Das funktioniert recht genau mit Ort, Straßenname und Hausnummer (sofern vorhanden). Wenn Sie das Foto teilen, werden diese Informationen unter Umständen in Form von GPS-Koordinaten weitergegeben.

Auf der anderen Seite ist es natürlich sehr praktisch, dass man jederzeit beim Foto nachschauen kann, wo es geknipst wurde. Wenn Sie das Geotagging verwenden möchten, tippen Sie auf *Zulassen* ❶. Dann müssen Sie noch den Zugriff auf die Standortinformationen erlauben, dazu tippen Sie auf *Zugriff nur während der Nutzung der App zulassen* ❷. Wenn Sie keine Standortinformationen speichern möchten, wählen Sie *Ablehnen*.

Zum Foto in der App *Galerie* werden die Standortinformationen ❸ angezeigt. Sie sehen sie in der Einzelbildansicht (siehe Seite 104) der App *Galerie* im oberen Bereich.

Selfie aufnehmen

Um ein Bild von sich selbst zu machen, müssen Sie die Kamera wechseln. So sehen Sie sich auf dem Bildschirm und werden dabei geknipst. Die Frontkamera steuern Sie durch Antippen von an. Um Ihr Gesicht erscheint kurz ein rechteckiger Rahmen, dadurch zeigt die Kamera an, dass sie bereit ist. Da es etwas umständlich ist, so den Auslöser zu drücken, können Sie für Selfies die Selbstauslöser-Funktion verwenden: Tippen Sie auf das Menü und stellen Sie den Selbstauslöser auf drei (*3S*), fünf (*5S*) oder 10 Sekunden (*10S*) ❶ (siehe Bild unten). Wer möchte kann davor das Gesicht mit ein paar Feinheiten aufhübschen. Tippen Sie auf den Zauberstab ❷. In der Rubrik *Schönheit* können Sie nun Ihr Gesicht schmälern, größere Augen „zaubern" oder Fältchen weichzeichnen.

Auswahl des Seitenverhältnisses

Die Kamera-App stellt verschiedene Seitenverhältnisse zur Verfügung. Sie finden sie, wenn Sie rechts oben auf das Menü tippen. Standardmäßig ist das Format 3:4 ❷ ausgewählt. Oft gelingen schönere Bilder im Querformat.

4:3 oder 16:9 ❸: Das Bild oben wurde im Format 4:3 geknipst, das Foto darunter im Format 16:9. Sie sehen, dass im Format 4:3 der größere Bildausschnitt aufgenommen werden kann (das rote Rechteck zeigt den Ausschnitt 16:9). Das ist durchaus ein Vorteil dieses Formats. 16:9 ist das Seitenverhältnis von Monitoren und Fernsehern. Wenn Sie also Ihre Bilder am Fernseher oder Laptop vorführen möchten, dann sind Aufnahmen im Querformat und einem Seitenverhältnis von 16:9 am schönsten anzusehen, da sie den gesamten Bildschirm einnehmen.

1:1 und Full ❹: Mit der Auswahl *1:1* knipsen Sie quadratische Bilder und mit *Full* wird das Seitenverhältnis des Handy-Bildschirms verwendet. Wenn Sie ein Hintergrundbild für den Startbildschirm Ihres Smartphones fotografieren möchten, ist die Auswahl von *Full* von Vorteil.

Wir empfehlen für den täglichen Gebrauch das Format 4:3. Falls gewünscht, können Sie das Bild immer noch nachträglich zuschneiden. Für besondere Fotos wechseln Sie einfach das Seitenverhältnis. Vergessen Sie nicht, danach wieder das Ursprungsformat auszuwählen.

Schnellstart der App Kamera

Schnell, schnell, der Augenblick ist gleich vorbei! Mit diesem Trick aktivieren Sie fix die Kamera-App bei gesperrtem Smarpthone:

- Ziehen Sie das Kamera-Symbol rechts unten auf dem Sperrbildschirm aus dem Kreis nach oben.

Sie nutzen dann die Kamera App, ohne das Smartphone entsperrt zu haben. Deshalb müssen Sie das nach der Aufnahme erledigen. Auch in der App stehen, wenn Sie diese so aufrufen, nicht alle Funktionen zur Verfügung.

Blitz einschalten

Selbstverständlich verfügt Ihr Smartphone auch über einen Blitz. Sie können zwischen *Aus*, *Automatisch*, *Ein* (in diesem Fall wird der Blitz auf jeden Fall ausgelöst) und *Hilfslicht* wechseln. Tippen Sie zunächst auf das Blitz-Symbol ❶ und wählen Sie dann die passende Option ❷ aus.

Video aufnehmen

Wenn Sie ein Video aufnehmen wollen, wählen Sie zunächst *Video* ❶ und tippen dann auf den Auslöser ❷, der jetzt zur Unterscheidung rot ist. Im oberen Bereich wird die Aufnahmezeit eingeblendet. Beenden Sie das Video durch Antippen von ■ ❸. Sie können mit ⏸ ein Video pausieren und mit ▶ ❹ wieder fortsetzen.

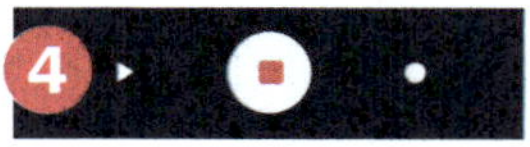

Interessante Aufnahmemodi

Es gibt noch weitere Aufnahmemodi, die Ihnen tolle Fotos bescheren. Es sprengt jedoch den Rahmen dieses Buchs, auf diese ebenfalls einzugehen. Dennoch möchten wir Ihnen kurz zeigen, wo Sie die Aufnahmemodi finden und welchen Zweck sie erfüllen.

Porträt ❶ bietet Ihnen die Möglichkeit, auf ein Objekt scharf zu stellen und den Hintergrund nur verschwommen anzuzeigen. Diese Funktion wird häufig bei Porträtaufnahmen genutzt. Der Modus *Pro* ❷ ist eher etwas für Fortgeschrittene - Parameter wie ISO-Wert, Blende, Fokus und Weißabgleich etc. müssen manuell eingestellt werden.

Die anderen Modi *Nacht*, *64M*, *Kurzvideo*, *Panorama*, *Dokumente*, *Zeitlupe* und *Zeitraffer* finden Sie unter *Mehr* ❸. *Nacht* bewirkt, dass die Kameraeinstellungen an die Dunkelheit angepasst werden. Bei *64M* benutzt die Kamera die volle Auflösung, 64 Megapixel statt der normalen 16 Megapixel. Mit *Panorama* nehmen Sie 360 Grad Ihrer Umgebung als Foto auf. Der Modus *Dokument* ist eine Art Scanner - damit können Sie Dokumente fotografieren und im Anschluss bearbeiten. Mit *Zeitlupe* können Sie Videos mit verminderter Geschwindigkeit aufzeichnen. Mit *Zeitraffer* können Sie Zeitrafferaufnahmen erstellen. So wird aus einer mehrminütigen Aufnahme eine kurze Videosequenz.

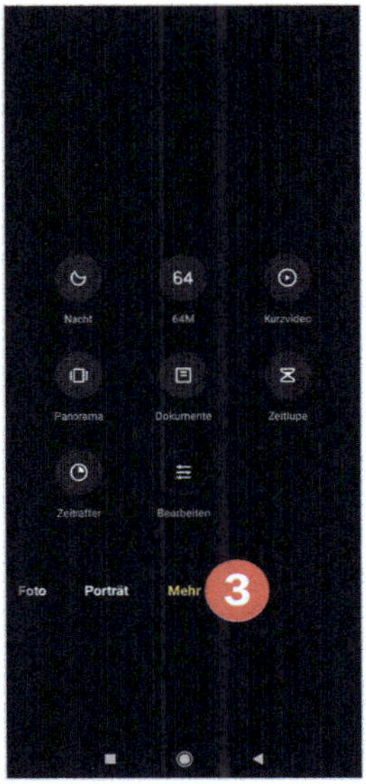

Wozu QR-Codes?

Mittels QR-Codes werden Ihnen Informationen zur Verfügung gestellt. Dabei kann es sich um eine Adresse oder Telefonnummer handeln, die sich hinter dem Code verbirgt. Oft dienen die Codes der Weiterleitung zu einer Internetseite, beispielsweise als Teil eines Gewinnspiels oder zur Anzeige von zusätzlichen Bildern und Videos zu einem Informationsflyer, Seminar oder Buch.

Den QR-Code können Sie mit der Kamera Ihres Smartphones scannen. Öffnen Sie die App Kamera und nehmen Sie den QR-Code ins Visier. Dieser wird automatisch gescannt. Tippen Sie anschließend rechts unterhalb des gescannten QR-Codes auf , dann wird angezeigt, auf was der Code verweist, in diesem Beispiel auf die Webseite Bildner TV. Wenn Sie die Seite anzeigen möchten, tippen Sie auf das Feld *Zur Webseite*. Unter Umständen wird abgefragt, mit welchem Browser Sie die Seite anzeigen möchten (dazu lesen Sie mehr auf Seite 67).

Tipp: Falls das Scannen des QR-Codes nicht klappt, überprüfen Sie in den Einstellungen der Kamera App, ob die Funktion aktiviert ist. Dazu tippen Sie in der Kamera-App auf das Menü und dann auf *Einstellungen* und ziehen ggf. bei *QR-Codes scannen* den Regler auf die Position *Ein*.

Geräte-Wasserzeichen auf Fotos ausblenden

Wenn Sie ein Foto machen und es dann in der Galerie-App betrachten, fällt Ihnen bestimmt das Wasserzeichen Ihres Xiaomi-Gerätes ❶ ins Auge. Es ist voreingestellt und befindet sich standardmäßig links unten. Man kann aber ganz einfach vereinbaren, dass es beim Fotografieren nicht eingefügt wird.

- Öffnen Sie die Kamera-App und wählen Sie rechts oben das Menü aus.
- Tippen Sie auf *Einstellungen* und anschließend auf *Wasserzeichen* ❷.
- Schieben Sie den Regler bei *Geräte-Wasserzeichen* auf *Aus* (grau) ❸.

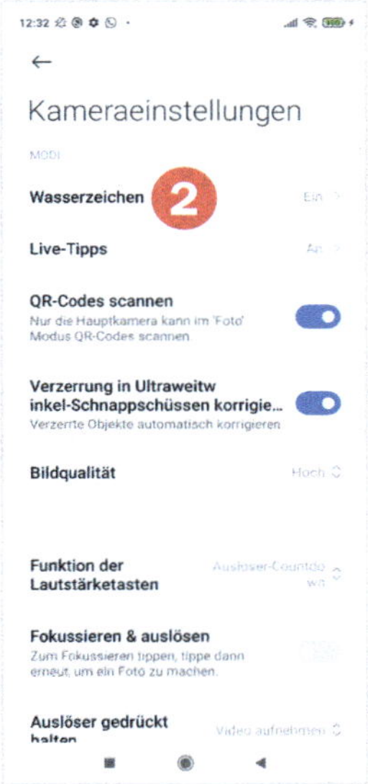

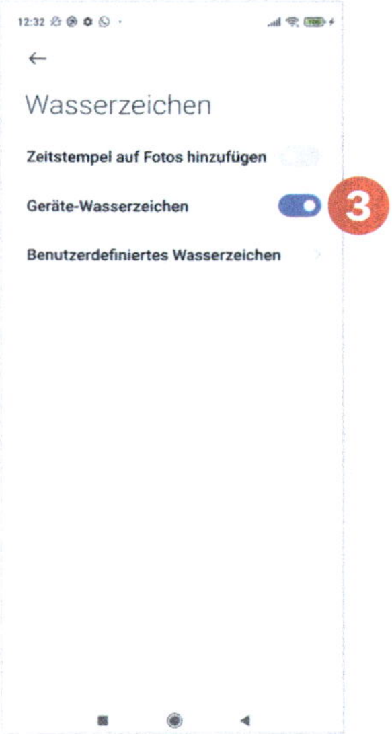

Wasserzeichen nachträglich entfernen

In der App *Galerie* (siehe Seite 103) können Sie von bereits geknipsten Fotos das Wasserzeichen entfernen. Dazu zeigen Sie das Fotos in der Einzelbildansicht an und tippen auf *Bearbeiten* ❹. Tippen Sie rechts oben auf *Wasserzeichen entfernen* ❺ und dann rechts unten auf *Speichern*.

Das Löschen des Wasserzeichens muss für jedes Foto einzeln vorgenommen werden.

Foto knipsen

1 Öffnen Sie die App *Kamera* . Der Aufnahmemodus *Fotos* ❶ ist ausgewählt.

2 Richten Sie das Smartphone auf das Motiv und wählen Sie das passende Objektiv ❷.

3 Tippen Sie mit dem Finger auf den Teil des Motivs, auf den scharf gestellt werden soll.

4 Tippen Sie auf den Auslöser ❸.

5 Sie sehen, dass die Aufnahme funktioniert hat, wenn das geknipste Foto als Vorschaubild ❹ erscheint.

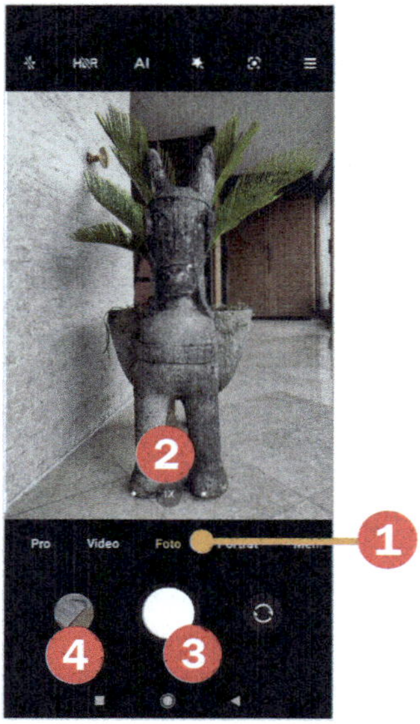

7.2 Die Galerie-App

Es gibt unzählige Apps, mit denen Sie Ihre Bilder und Videos betrachten und bearbeiten können. In diesem Buch verwenden wir die Standard-App *Galerie*.

Übersicht der Bedienoberfläche

Kategorien:

- Fotos: Alle Bilder und Videos, die Sie mit der Kamera-App erstellt haben, sind hier nach Datum sortiert, angeordnet.
- Alben: Automatische Zusammenstellungen, z. B. Kamera (geknipste Bilder) und WhatsApp Images (Bilder, die Sie über WhatsApp erhalten haben).

Im Menü (Drei-Punkte-Symbol) finden Sie die Einstellungen für die App Galerie.

Ändern Sie die Größe der Vorschaubilder, indem Sie ein Bild mit zwei Fingern auseinander- bzw. zusammenziehen.

Die Kategorien Fotos und Alben

Wenn Sie die Galerie-App öffnen, befinden Sie sich in der Kategorie *Fotos* ❶, die alle Bilder und Videos, die Sie aufgenommen haben, enthält. Sie sind nach Datum sortiert. Wischen Sie einfach von oben nach unten, um die Bilder in der Vorschauansicht anzuzeigen.

Tippen Sie auf ein Bild, um es genauer zu betrachten und ggf. zu bearbeiten etc.; mehr dazu gleich auf den folgenden Seiten.

Wenn Sie auf den Bereich *Alben* ❷ tippen, werden Ihnen, je nachdem aus wie viel verschiedenen Quellen Ihr Foto- bzw. Videomaterial stammt, diverse Alben angezeigt. In unserem Beispiel sehen Sie die Alben *Alle Fotos*, *Kamera*, *Videos*, *Screenshots*, *WhatsApp Images*, *Downloads* und *Papierkorb*. Das heißt, alle Bilder und Videos, die auf Ihrem Smartphone sind, werden nach deren Herkunft sortiert. Das ist praktisch, da so ein Ordnungssystem vorhanden ist und Sie nicht lange suchen müssen, wenn Sie wissen, über welchen Weg die gesuchten Bilder auf Ihr Smartphone gelangt sind. Bilder und Videos, die Sie mit Ihrem Smartphone aufgenommen haben, befinden sich immer im Album *Kamera*, und Fotos, die Sie über WhatsApp erhalten haben, sind immer im Album *WhatsApp Images*. Über + ❸ können Sie weitere Alben erstellen und diesen Bilder hinzufügen.

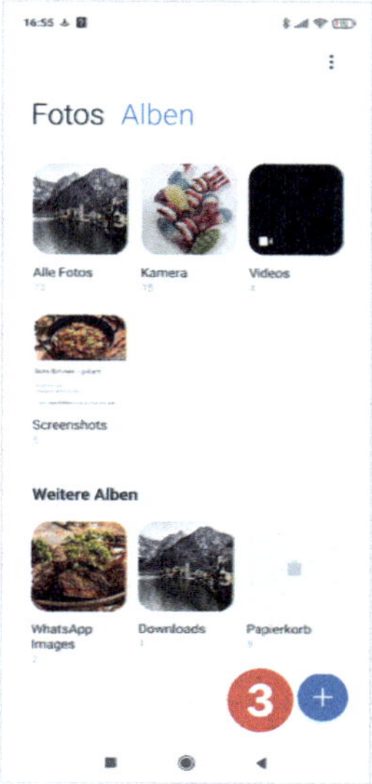

Bilder in der Einzelansicht anzeigen

In der Galerie-App können Sie Fotos nicht nur anzeigen und betrachten, sondern es stehen Ihnen in der Einzelansicht viele weitere Optionen zur Verfügung.

- Öffnen Sie die Galerie und wählen Sie ein Bild durch Antippen aus.

Bild im Querformat betrachten

Zeit und Ort bei Aufnahme des Bildes

Wechsel zur Bildergalerie

Von links nach rechts:

Bild teilen

Bild bearbeiten

Bild zu Favoriten hinzufügen

Bild löschen

Einstellungen

Bilder bearbeiten

Kleine Veränderung, große Wirkung: Die App Galerie bietet viele tolle Werkzeuge zur schnellen Verschönerung Ihrer Bilder. Alle Bearbeitungsmöglichkeiten zu besprechen, würde den Rahmen dieses Buchs sprengen. Wir können Ihnen hier nur einen Einblick gewähren.

- Wählen Sie ein Bild aus und tippen Sie auf *Bild bearbeiten* ❶ (vorherige Seite).
- Die Bearbeitungsoptionen *Verschönern*, *Zuschneiden* etc. werden angezeigt.

Von links nach rechts:

Verschönern

Zuschneiden

Filter

Himmel etc.

Wischen Sie mit dem Finger von rechts nach links über die Optionen, um weitere anzuzeigen.

Verschönern: Durch Auswahl von *Verschönern* ❷ wird das Bild automatisch verbessert: Meist beziehen sich diese Berichtigungen auf Belichtung und Kontrast. Sie können aus *Automatisch*, *Essen*, *Landschaft* und *Portrait* ❸ (Bild nächste Seite) wählen. Wenn Sie rechts oben auf *Original* tippen und das gedrückt halten, wird das Originalbild angezeigt. Nehmen Sie den Finger vom Display wird das verschönerte Foto angezeigt.

Änderungen übernehmen oder verwerfen: Um die Änderungen, die Sie am Foto vorgenommen haben zu behalten, tippen Sie rechts unten auf das Häkchen ❹ und anschließend auf *Speichern* ❺ (Abbildung oben). Wenn sie Ihnen nicht zusagen, tippen Sie einfach auf das x und dann auf *Abbruch*. Bei Auswahl von *Speichern* werden Ihre Berichtigungen in einer neuen Datei gespeichert. Das Originalbild bleibt erhalten.

Bild zuschneiden, drehen und mehr: Tippen Sie auf die Funktion *Zuschneiden* ❻. Über die weißen Anfasser ❼ an den Ecken des Bildes können Sie nun das Foto beschneiden und in diesem Bereich verschieben.

Weitere Bearbeitungsmöglichkeiten sind hier zu finden ❽:

- Über können Sie das Bild jeweils um 90° drehen. Über dem darüber befindlichen Schieberegler können Sie das Bild manuell drehen.

- Wenn Sie auf <|> tippen, wird das Bild horizontal gespiegelt.
- Mit den restlichen Symbolen können Sie das Format des Bildes ändern.

Filter und Himmel anwenden

Mit Filtern können Sie ein Foto schnell verändern: Sie können die Farben kühler oder wärmer erscheinen lassen oder ein Schwarz-Weiß-Bild erstellen. Tippen Sie auf *Filter* ❾ (Abbildung vorherige Seite) und entscheiden Sie sich für eine Rubrik: *Beliebt*, *Klassisch*, *Portrait* oder *Film*. Wischen Sie dann einfach darunter mit einer horizontalen Fingerbewegung durch die große Auswahl. Durch Antippen wählen Sie einen Filter aus. Wenn Sie mit dem Finger etwas länger auf dem Filter verweilen, erscheint ein Regler ❿, mit dem Sie die Intensität des Filters bestimmen können. Wenn Sie mit dem Ergebnis zufrieden sind, bestätigen Sie mit dem Häkchen rechts unten und mit *Speichern*.

Eine nette Idee ist es, das Bild mit einem *Himmel* ⓫ (Abbildung vorherige Seite) auszustatten. Sie haben die Wahl zwischen *Sonnig*, *Abend*, *Nacht*

und *Dynamisch* 12. Wie bei den Filtern können Sie die Intensität mit einem Schieberegler verändern. Tippen Sie dazu den Filter an und bleiben Sie etwas länger darauf, sodass der Regler angezeigt wird.

Manche Filter- bzw. Himmeloptionen werden bei Auswahl erst heruntergeladen. Dann kann es einen Moment dauern, bis sie verwendet werden können.

Videos abspielen

Um ein Video wiederzugeben, öffnen Sie die Galerie-App und wählen das Video durch Antippen aus.

- Zum Abspielen tippen Sie auf ▶. Mit II pausieren Sie das angezeigte Video und über den Pfeil links oben verlassen Sie den Bereich wieder.

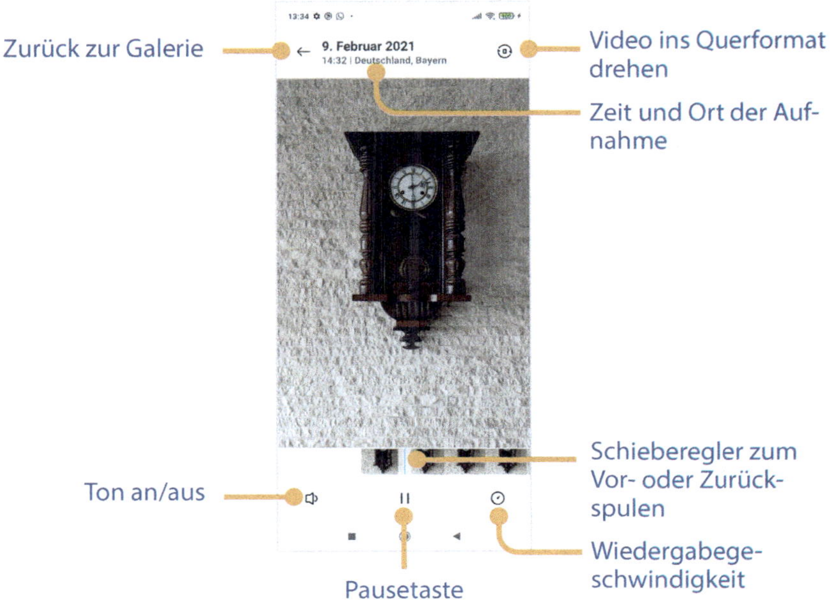

Bilder und Videos löschen

Meist belegen Fotos und Videos den größten Teil des Speicherplatzes. Löschen Sie deshalb Bilder und Videos, die misslungen sind oder die Sie nicht mehr benötigen. Dazu öffnen Sie die App *Galerie*.

- Wählen Sie ein Bild oder ein Video durch Antippen aus. Dieses wird in der Einzelansicht angezeigt. Tippen Sie auf ❶ rechts unten.
- Sie können auch gleich mehrere Objekte löschen, indem Sie ein Bild oder Video in der Übersicht etwas länger mit dem Finger gedrückt halten. Anschließend tippen Sie das nächste Foto/ Video an. Alle ausgewählten Elemente werden mit einem Häkchen versehen. Tippen Sie dann unten rechts auf *Löschen* ❷.

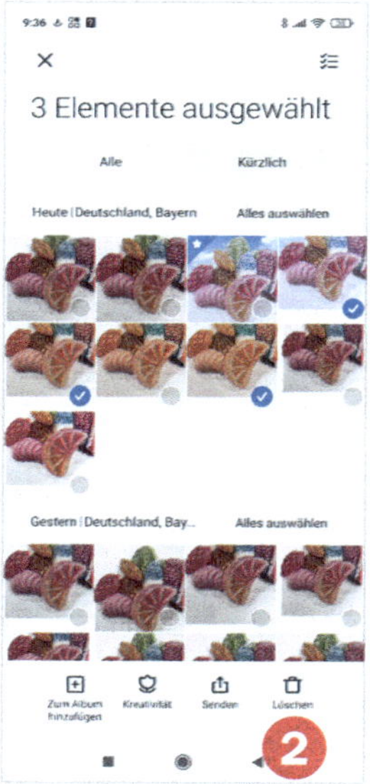

Bilder und Videos, die Sie gelöscht haben, landen im Papierkorb.

- Um den Papierkorb zu öffnen, tippen Sie auf *Alben*. Ganz unten finden Sie schließlich den Papierkorb. Alternativ wählen Sie in der Galerie-Übersicht ⋮ ❶ die *Einstellungen* aus. Wischen Sie bis ganz nach unten und tippen Sie auf *Papierkorb* ❷.
- **Wiederherstellen:** Wenn Sie ein Foto aus Versehen gelöscht haben, wählen Sie das Bild durch Antippen aus und tippen dann unten auf *Wiederherstellen*.

- **Papierkorb leeren:** Entfernen Sie alle Elemente, indem Sie unten auf *Alle löschen* ❸ tippen. Bestätigen Sie mit *Löschen*. Wenn Sie diese Option nicht in Anspruch nehmen, kein Problem, Objekte, die im Papierkorb landen, werden automatisch nach 30 Tagen gelöscht.

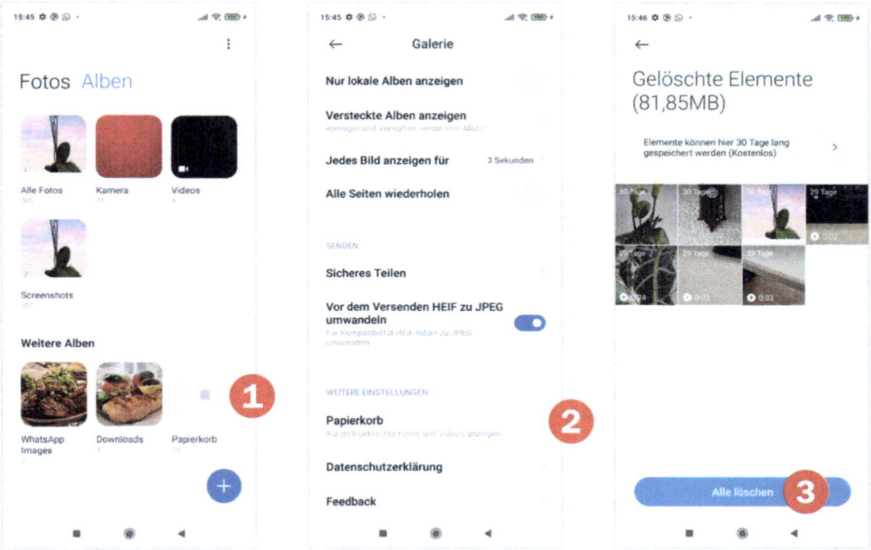

Bilder auf den PC übertragen

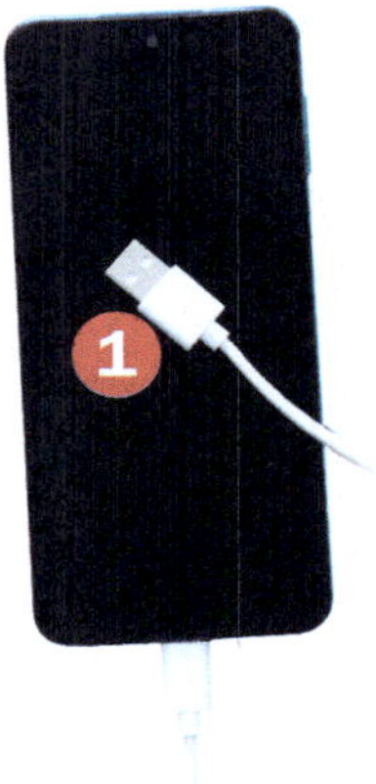

1 Verbinden Sie das Smartphone mit dem mitgelieferten Kabel über den USB-Port mit Ihrem PC oder Laptop ❶. Wir setzen hier voraus, dass Sie mit einem Windows10-Gerät arbeiten. Entsperren Sie Ihr Smartphone.

2 Tippen Sie auf dem Smartphone *Fotos übertragen (PTP)* ❷.

3 Auf dem PC erscheint unten rechts eine Meldung zur *Automatischen Wiedergabe* ❸. Klicken Sie darauf, um auszuwählen, was passieren soll, wenn Sie das Smartphone verbinden.

4 Wählen Sie *Fotos und Videos importieren* ❹. Damit werden Fotos und Videos in den Ordner *Bilder* auf Ihrem Computer übertragen.

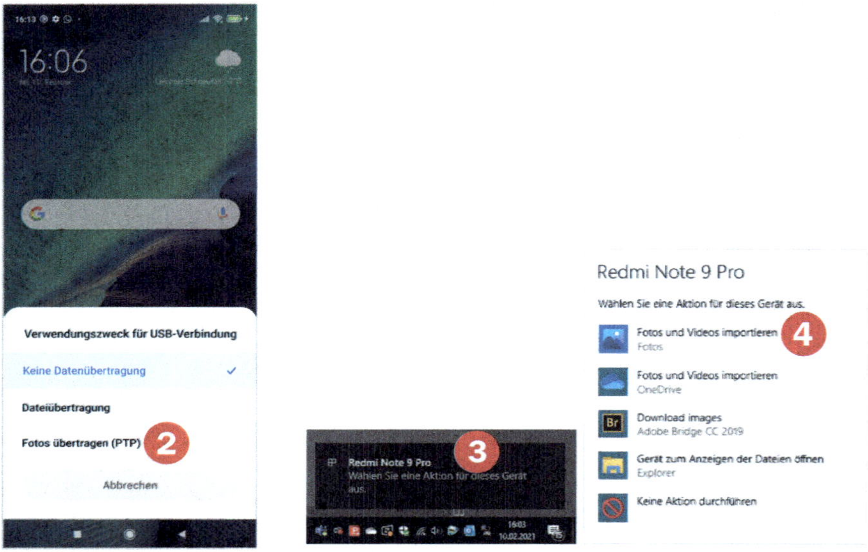

5 Nun haben Sie die Möglichkeit, am Computer entweder *Alle Elemente* ❺ zu importieren oder die gewünschten Bilder mit der Maus anzuklicken, sodass Sie einen Haken erhalten.

6 Klicken Sie dann auf *...importieren* ❻.

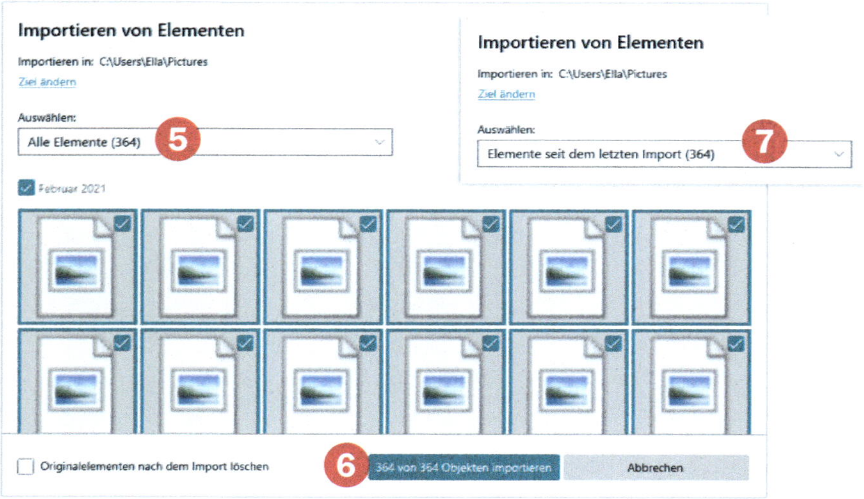

Wenn Sie das Smartphone das nächste Mal mit dem PC verbinden, wird sofort das Importfenster angezeigt. Auch jetzt muss das Smartphone wieder entsperrt sein. Wählen Sie *Fotos übertragen* aus.

Beim nächsten Import von Fotos möchten Sie ja sicher nicht wieder alle Bilder übertragen. Wählen Sie deshalb die Bilder entweder durch Anklicken aus oder entscheiden Sie sich für die Option *Elemente seit dem letzten Import* ❼.

Profitipp: Wenn Sie das Smartphone verbunden haben, können Sie auch mittels Datei-Explorer gleich auf den Speicher des Handys zugreifen und Ihre Bilder kopieren. Wählen Sie am Smartphone einfach *Dateiübertragung* aus, nachdem Sie es an den PC angesteckt haben. Das Smartphone kann im Datei-Explorer ausgewählt werden und durch Anklicken von *Interner gemeinsamer Speicher* ▶ *DCIM* ▶ *Camera* werden Ihre Fotos angezeigt.

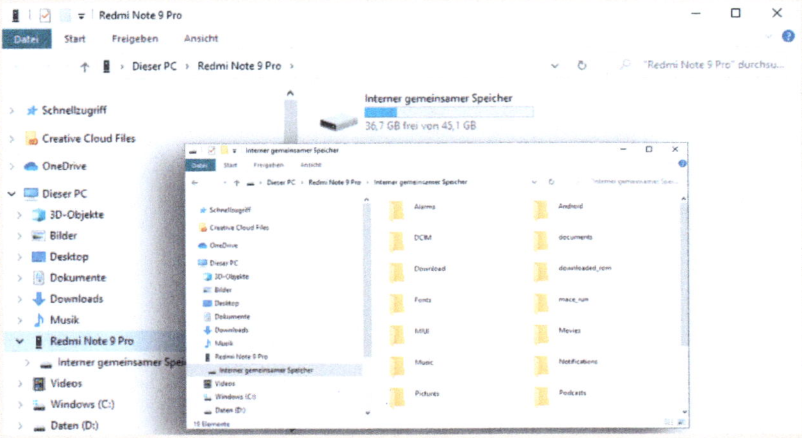

8 Smarte Tools

Wenn das Smartphone zum ständigen Begleiter wird, ist es das ideale Medium zum Speichern kurzer Notizen oder Einkaufslisten. Daneben vervollständigen die App Kalender mit der Speicherung von Terminen und die App Uhr die Möglichkeiten.

8.1 Termine im Griff mit der Kalender-App

Wir haben uns hier für den *Mi Calendar* von Xiaomi entschieden, den Sie aus dem Play Store kostenlos herunterladen können (siehe dazu Seite 62). Sie können natürlich auch den Kalender von Google verwenden, den Sie im Ordner *Google* finden.

- Öffnen Sie die *Kalender*-App . Schon auf dem App-Symbol sehen Sie den aktuellen Tag. Auf dem Kalenderblatt ist dieser hervorgehoben. Durch horizontales Wischen können Sie durch die verschiedenen Monate blättern. Zur Anzeige des aktuellen Datums kehren Sie wieder über die Ziffer (in unserem Beispiel 4) rechts unten ❶ zurück.

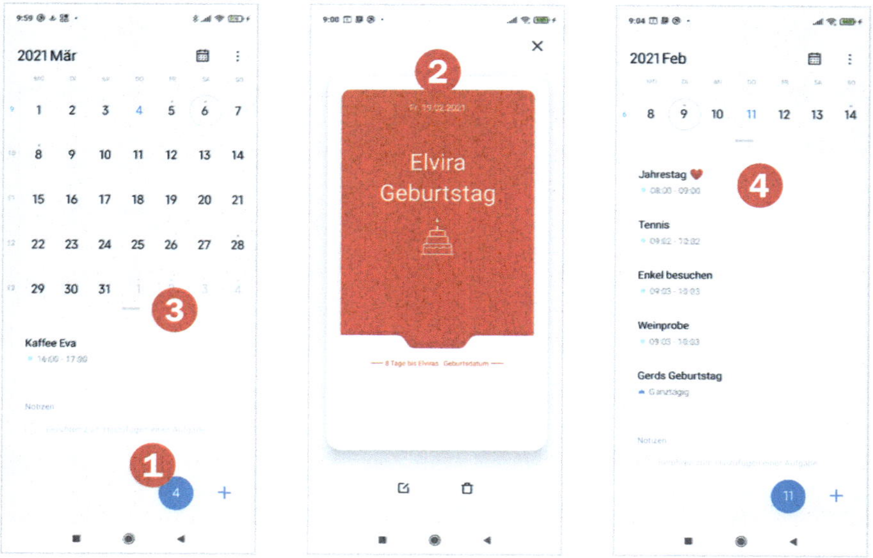

- Durch Antippen eines Tags mit einem Eintrag wird der Termin oder Feiertag gesondert in der Tagesansicht angezeigt ❷.

- Wenn Sie die Leiste nach oben wischen ❸, erscheinen alle Einträge des angetippten Tages ❹, wenn Sie sie nach unten wischen, erhalten Sie ein vergrößertes Kalenderblatt ❺ mit allen Feiertagen, Geburtstagen und Terminen des Monats .

Der Mi Calender wird automatisch mit Ihrem Google-Konto verbunden. Deshalb werden in diesem Kalender z. B. auch Geburtstage, die Sie in der App Kontakte hinterlegt haben, angezeigt.

Termin eintragen

- Markieren Sie auf dem Kalenderblatt durch Antippen den Tag ❶ des Termins. Dadurch ersparen Sie sich die händische Eingabe.
- Tippen Sie auf + ❷ und wählen Sie zuallererst eine Rubrik: Zur Auswahl stehen *Ereignis*, *Geburtstag*, *Jahrestag* und *Countdown* ❸.

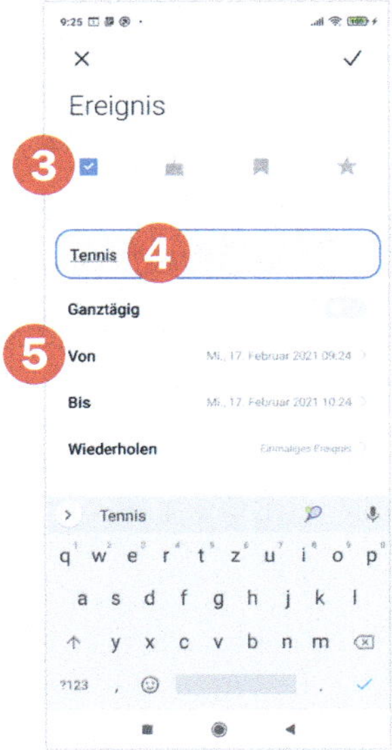

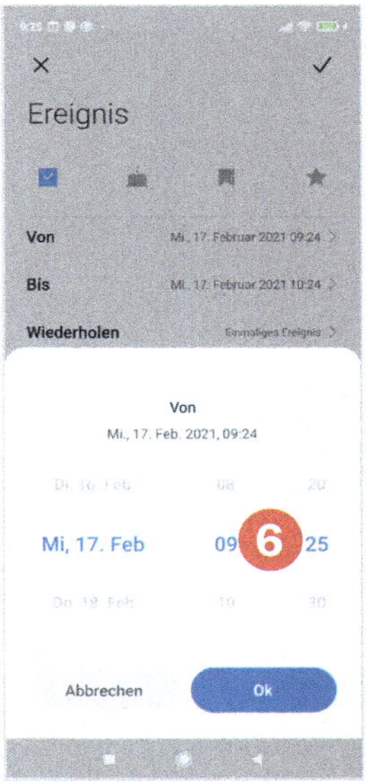

- Geben Sie bei *Ereignisname* bzw. *Ereignis* eine Bezeichnung für den Termin ein ❹. Wenn Sie Geburtstag ausgewählt haben, müssen Sie nur den Namen desjenigen eingeben, der Geburtstag hat.

- Kontrollieren Sie nochmals das Datum und tippen Sie dann auf *Von* ❺. Dadurch wird die Zahlentastatur angezeigt und die Uhrzeit kann eingegeben werden ❻. Tippen Sie auf der Tastatur auf *OK*. In der Regel können Sie auf die Eingabe des Terminendes verzichten.
- Standardmäßig werden Sie fünf Minuten vor Beginn des Termins erinnert.
- Manchmal ist es praktisch, eine zweite Erinnerung, z. B. einen Tag vorher, zu erhalten. Tippen Sie in diesem Fall auf *Erinnerungen* ❼. Statten Sie eine weitere Erinnerungszeit mit einem blauen Häkchen aus ❽.
- Ebenso können Sie einen Standort oder eine Beschreibung ❾ hinterlegen, was aber in der Regel gar nicht notwendig ist.
- Bestätigen Sie mit dem Häkchen oben rechts.

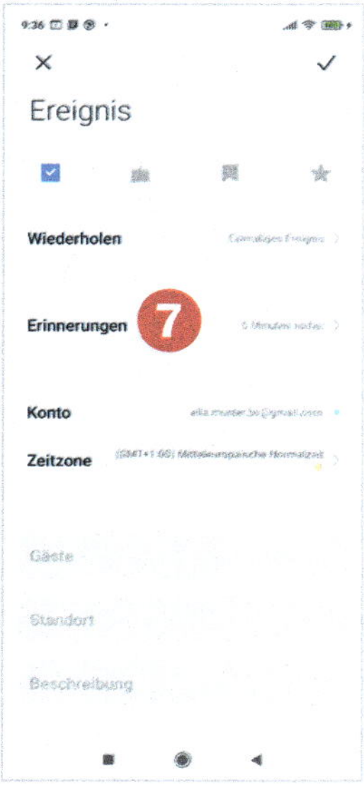

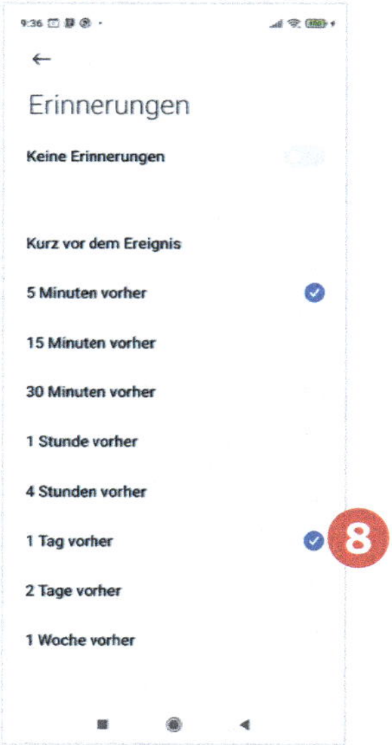

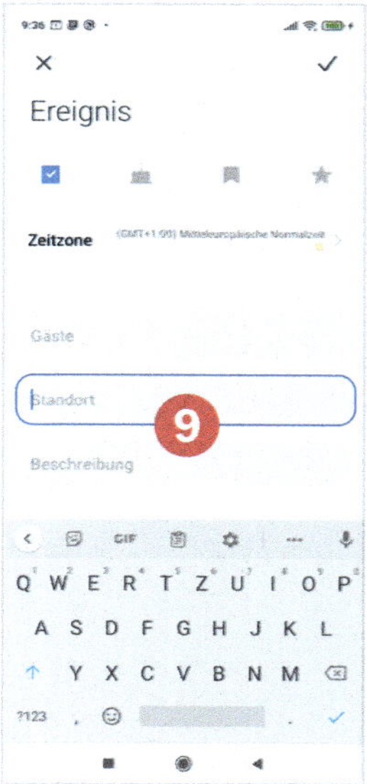

Terminerinnerung

Die Erinnerung an Ihren Termin erscheint am oberen Bildschirmrand ❶. Egal welche App Sie gerade geöffnet haben, die Meldung erscheint darüber. Wenn Sie darauf tippen, zeigen Sie die Details des Termins an. Wollen Sie die Erinnerung ignorieren, schieben Sie sie einfach in den oberen Bildschirmrand zurück.

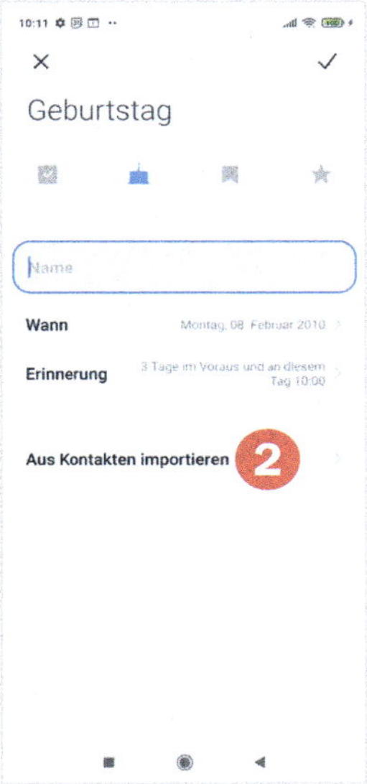

Tipp Geburtstage

Geburtstage tragen Sie in den Kalender nicht als Ereignis ein, sondern über die Rubrik *Geburtstag*. Dort geben Sie den Namen ein, kontrollieren das Datum und entscheiden, ob Sie drei Tage vorher daran erinnert werden wollen bzw. auch, um welche Uhrzeit. Geburtstage werden allerdings auch in der Telefon-App über Kontakte hinterlegt. Sollten diese Einträge nicht im Kalender angezeigt werden, tippen Sie, wie bereits erklärt, auf +, um ein Ereignis zu erstellen, dann auf die Rubrik *Geburtstag* ❶ und anschließend auf *Aus Kontakte importieren* ❷. Dort werden alle Geburtstage aufgelistet, die unter *Kontakte* gespeichert wurden ❸. Versehen Sie sie mit einem Häkchen und tippen Sie unten auf *Importieren* ❹.

Jahresanzeige

Tippen Sie oben links auf das aktuelle Jahr, dann erscheinen alle Monate des Jahres. Damit können Sie leicht größere Zeiträume überspringen und nicht durch zahlreiches Wischen erst den gewünschten Monat erreichen.

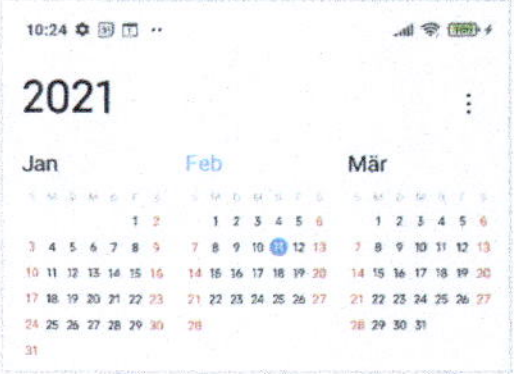

Termine bearbeiten oder löschen

Natürlich können Sie Termine bearbeiten, wenn sich beispielsweise die Zeit verändert hat oder der Termin verschoben werden muss.

- Tippen Sie einmal auf den Termin auf dem Kalenderblatt und dann nochmals in der Tagesübersicht. Wählen Sie hier das Bearbeitungssymbol ❶ aus, dann befinden Sie sich wieder in der Bearbeitungsansicht ❷.
- **Termin verschieben:** Tippen Sie bei *Von* auf das Datum ❸ und wählen Sie ein neues Datum aus, indem Sie die Rädchen nach oben bzw. unten bewegen ❹.
- Bestätigen Sie mit *Ok* ❺ und anschließend mit dem Häkchen rechts oben.

Manchmal fällt ein Termin ins Wasser – löschen Sie ihn einfach!

- Tippen Sie den Termin in der Tagesübersicht an und wählen Sie dann unten rechts das Mülleimersymbol ❻ aus. Bestätigen Sie mit *Ok*.

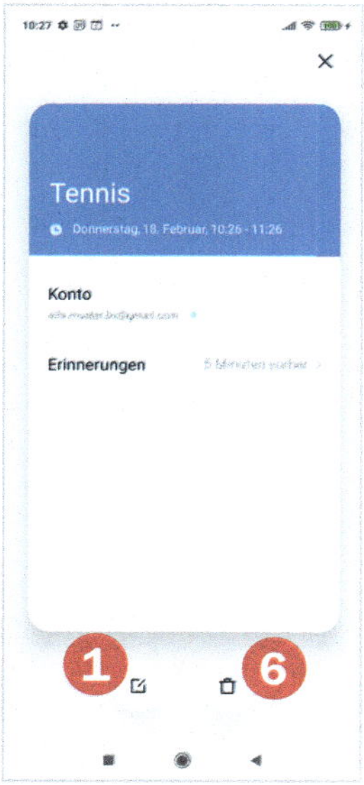

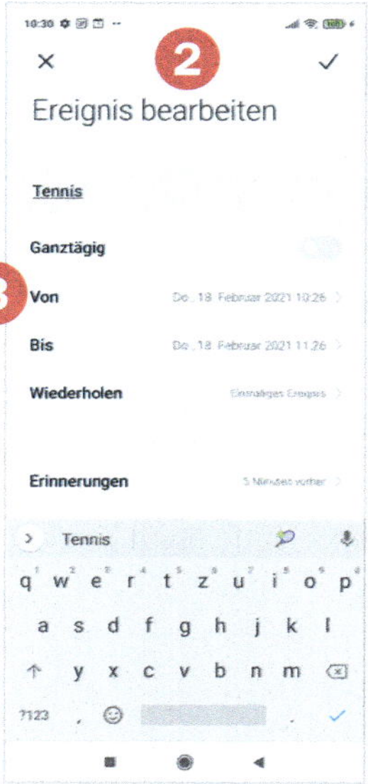

Termin eintragen

1 Öffnen Sie die App Kalender. Tippen Sie auf den Tag, für den Sie einen Termin eintragen möchten, und dann auf das Plus-Symbol ❶.

2 Geben Sie eine Bezeichnung für den Termin ein ❷.

3 Tippen Sie auf die *Von* ❸, um die Zahlentastatur anzuzeigen. Geben Sie den Beginn des Termins ein und bestätigen Sie mit *Ok*.

4 Tippen Sie auf das Häkchen ❹.

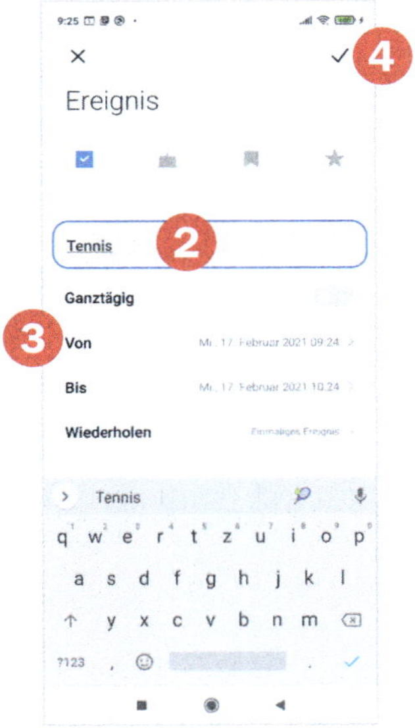

8.2 Die App Uhr

Vom Smartphone geweckt werden

- Öffnen Sie die App *Uhr*. Sie finden diese im Ordner *Tools* auf der zweiten Seite des Startbildschirms. Nach dem Öffnen wird der Wecker-Bereich ⏰ ❶ angezeigt. Weitere Funktionen finden Sie in den Bereichen Uhr 🕒, Stoppuhr ⏱ und Timer ⌛.

Wecker stellen

In der App ist bereits mehrere Weckzeiten voreingestellt. Mit diesen Vorgaben klingelt der Wecker täglich um 6 Uhr, Montag bis Freitag um 7 Uhr und Samstag und Sonntag um 8 Uhr, sobald die jeweilige Weckzeit aktiviert ist.

- **Wecker ein- und ausschalten:** Sie aktivieren einen Wecker, indem Sie den Regler nach rechts auf die Position *Ein* ❷ ziehen. Sie sehen dann neben dem Regler, nach wie vielen Stunden der Wecker klingelt. Durch Ziehen nach links schalten Sie den Wecker aus ❸. Entscheiden Sie, ob der Wecker nur einmalig oder ob die ganze Weckwiederholung ausgeschaltet werden soll.
- **Wecker bearbeiten:** Tippen Sie den voreingestellten Wecker ❹ an, um ihn zu bearbeiten.
- **Neuen Weckeintrag erstellen:** Tippen Sie auf das + Symbol ❺.

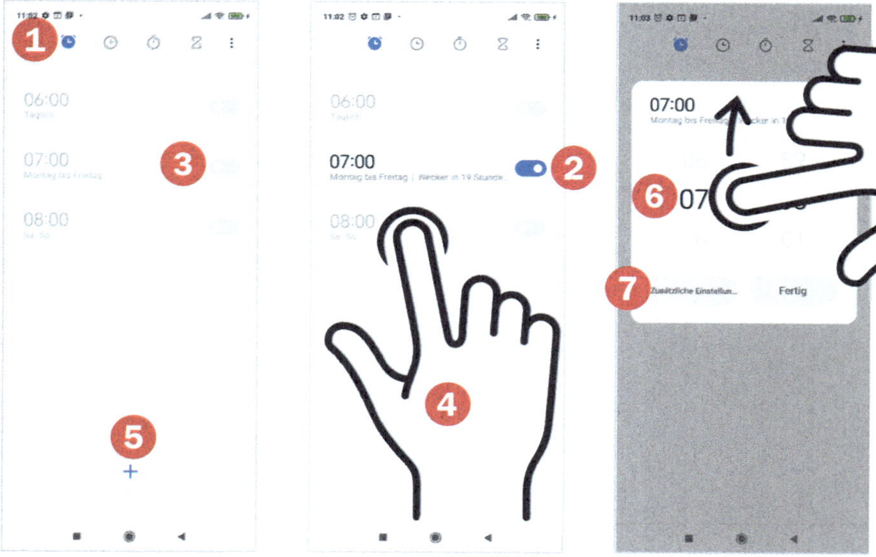

- **Weckzeit vereinbaren:** Verschieben Sie die Rädchen der Stunde ❻ und der Minuten, indem Sie mit dem Finger nach oben und unten wischen.
- **Tage auswählen:** Sie können nicht nur die Weckzeit festlegen, sondern auch die Tage, an denen der Wecker ertönen soll. Tippen Sie dazu auf *Zusätzliche Einstellungen* ❼ und dann auf *Wiederholen* ❽ - hier wählen Sie zwischen *Einmalig*, *Täglich*, *Mo bis Fr* und *Benutzerdefiniert* ❾ (einzelne Tage) aus. Blau bedeutet, die Tage sind ausgewählt. Falls Sie einen Tag versehentlich ausgewählt haben, tippen Sie erneut auf diesen.

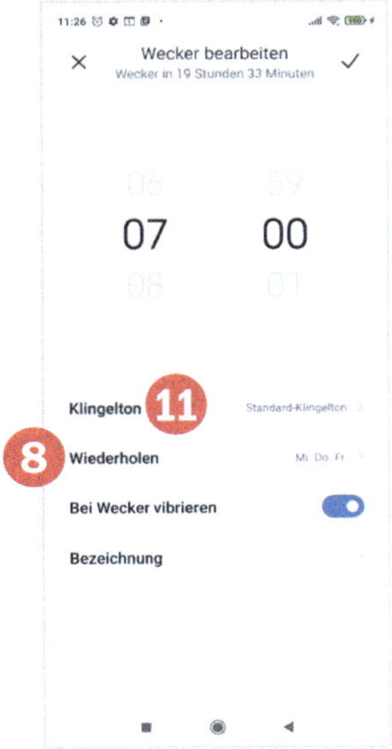

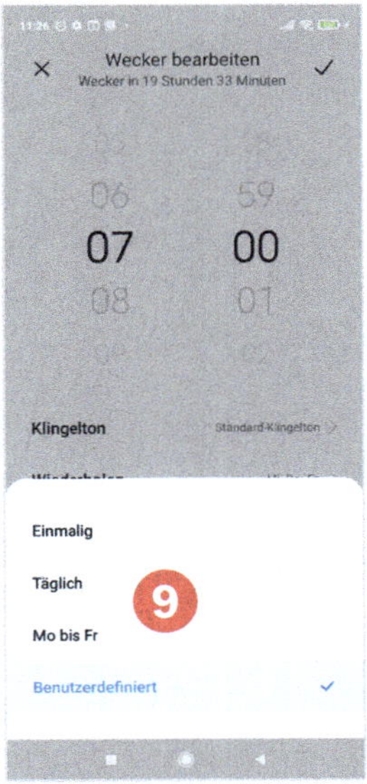

Schlummern oder aufstehen?

Wenn der Wecker klingelt, wischen Sie auf dem Bildschirm vom unteren Rand nach oben ❿, dann ist Ruhe! Oder Sie wählen *Schlummern für 10 min* und der Wecker klingelt nach zehn Minuten erneut.

Die Schlummer-Funktion (Standard sind 10 Minuten), also wann der Wecker erneut klingeln soll, können Sie in der Weckerübersicht über die *Einstellungen* ⋮ ändern. Stellen Sie bei *Automatisch stummschalten* eine neue Erinnerung ein.

> Sie erkennen am Uhrensymbol in der Statusleiste, dass ein Wecker an Ihrem Smartphone eingeschaltet ist.
>
> 
>

Weckton einstellen

Jeder hat andere Vorlieben, vor allem wenn man geweckt wird. Manche mögen einen sanften Ton, andere lieber etwas mehr Krach. Sie können also nach Belieben einen Weckton einstellen. Sie müssen das nur einmal für eine Weckzeit festlegen, für die weiteren wird das dann übernommen.

- Tippen Sie auf *Klingelton* 11 (Abbildung vorherige Seite). Wählen Sie entweder aus den verschiedenen Rubriken, wie *Wetteralarm* (es ertönen je Wetterstimmung verschiedene Klingeltöne), *Naturalarm* (Sie hören jedes Mal einen anderen Weckton aus der Natur) etc., oder greifen Sie zu den Standardtönen, indem Sie auf *Alle Klingeltöne* 12 tippen. Wenn Sie letzteres zum ersten Mal aufrufen, müssen Sie den Zugriff der App Uhr auf Fotos, Medien und Dateien erlauben. Tippen Sie auf *Zulassen* 13. Dann sehen Sie eine Liste mit zahlreichen Tönen. Wählen Sie einen Weckton aus 14. Der Weckton ist damit automatisch gespeichert. Betätigen Sie einfach die Zurück-Taste 15.

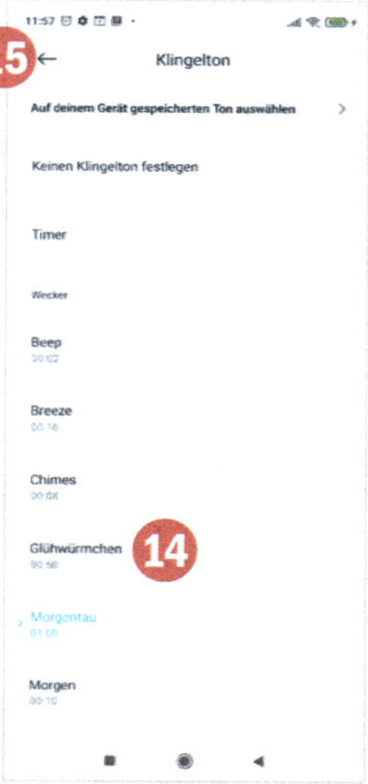

Wecker löschen

Um einen Wecker zu löschen, tippen Sie diesen in der Übersicht etwas länger mit dem Finger an. Dadurch erscheint unten *Löschen* 🗑.

Mehrere Uhrzeiten anzeigen und vergleichen

Vielleicht haben Sie Familie oder Freunde in einem anderen Land, wo es eine andere Zeitzone gibt. Da will man schließlich wissen, wie spät es dort ist. Deswegen bietet es sich an, in der Uhr-App ein weiteres Land mit dessen aktueller Uhrzeit hinzuzufügen.

- Tippen Sie auf den Bereich Uhr 🕒 ❶ und anschließend auf das +-Symbol ❷ im unteren Bereich.
- Geben Sie in der Suchleiste das Land (bzw. Stadt) ein ❸, für das die Uhrzeit angezeigt werden soll. Tippen Sie auf der Tastatur auf die Lupe oder wählen Sie aus den Vorschlägen aus.
- In der Übersicht erscheint nun die Uhrzeit und die Information zum Zeitunterschied. Wenn Sie darauf tippen, erscheint unterhalb ein Regler, mit dem Sie die deutsche und die neu hinzugefügte Zeit miteinander vergleichen können ❹.

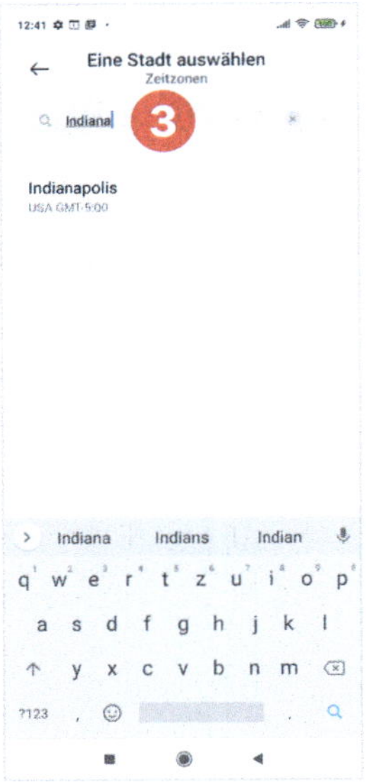

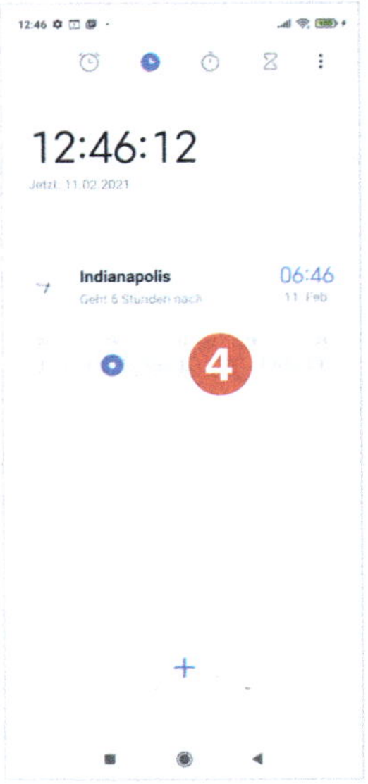

Das Smartphone als Eieruhr

Das Vier-Minuten-Ei rechtzeitig aus dem Topf holen oder die Backzeit für den Kuchen einstellen - auch das bietet die App Uhr.

- Wählen Sie den Bereich Timer ⧖ ❶.
- Stellen Sie durch Ziehen mit dem Finger die Zeit ein, nach deren Ablauf das Smartphone klingeln soll, und tippen Sie dann auf ▶ ❷.
- Während der Timer nach unten zählt, können Sie jederzeit pausieren ❸ oder abbrechen ❹.
- Nach Ablauf ertönt ein Signal. Um dieses auszuschalten, tippen Sie auf *Ok* ❺.

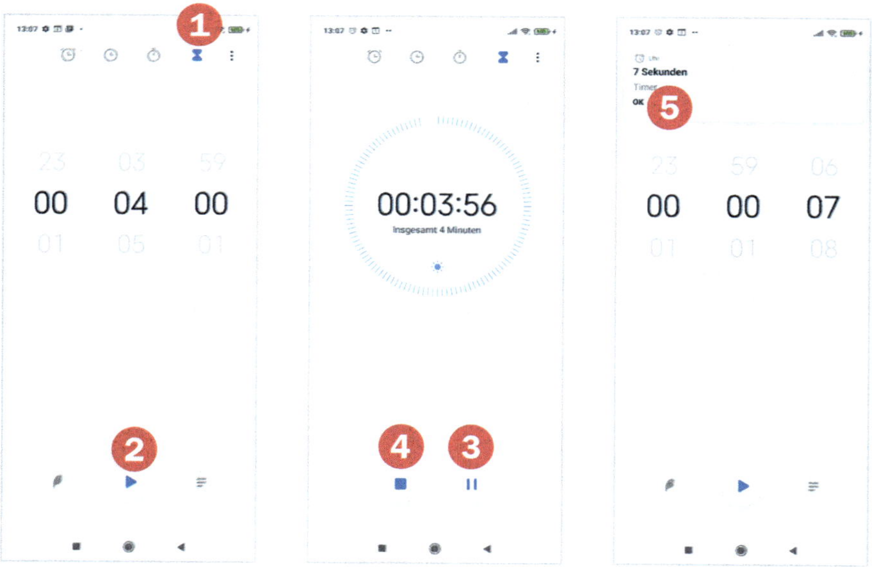

8.3 Einkaufslisten und andere Notizen

Es gibt eine Vielzahl toller Apps, mit denen Sie Notizen erstellen, aufwendig bearbeiten, mit anderen Personen teilen und sowohl am Smartphone als auch am Laptop betrachten können. Wer hier tiefer einsteigen möchte, dem sei Microsoft OneNote empfohlen.

Für den Einstieg und das bloße Anlegen von einfachen Listen verwenden wir MIUI-Notizen.

Notiz erstellen

- Öffnen Sie die App Notizen und tippen Sie auf ➕, um eine neue Notiz zu erstellen.
- Geben Sie Ihren Notizentext über die Tastatur ❶ ein oder tippen Sie auf das Mikrofon und diktieren Sie ihn. Zu einer neuen Liste können Sie durch Antippen von *Title* ❷ noch eine Überschrift hinzufügen.
- Tippen Sie dann oben rechts auf das Häkchen, um zu speichern ❸. Zeigen Sie mit der Zurück-Taste die Übersicht an. Die Einträge sind nach dem Änderungsdatum sortiert.

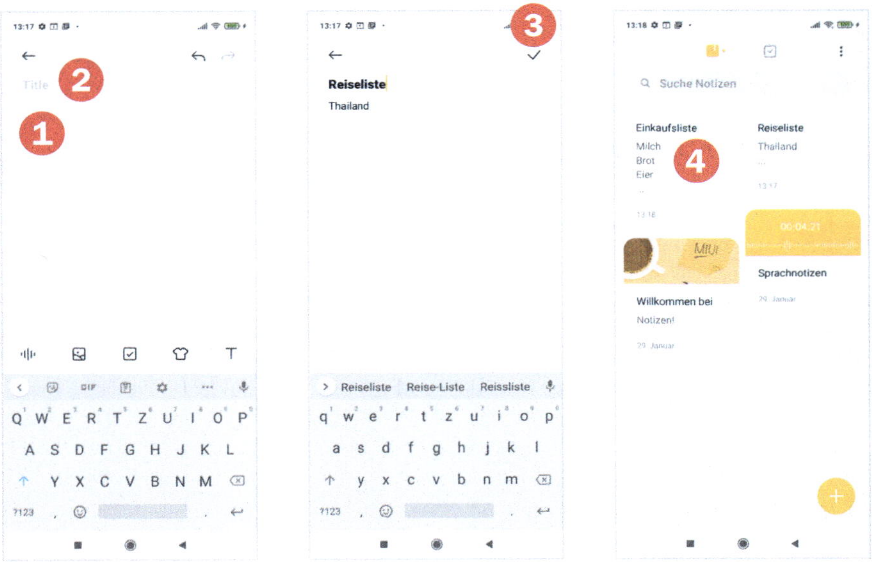

Notiz betrachten und bearbeiten

- **Inhalt einer Notiz betrachten:** Tippen Sie die Notiz in der Übersicht ❹ an. Der Inhalt der Notiz wird angezeigt.
- **Notiz bearbeiten:** Zur Ergänzung einer bestehenden Notiz zeigen Sie deren Inhalt an und tippen dann auf den Notiztext ❺.
- Um eine Liste weiterzuführen, tippen Sie hinter das letzte Wort. Um in einer neuen Zeile zu beginnen, wählen Sie ↵ auf der Tastatur.
- Auch Ihre Änderungen müssen wieder gespeichert ❻ werden.

Notiz löschen

Tippen Sie in der Übersicht länger mit dem Finger auf die zu löschende Notiz. Diese wird dadurch markiert und Sie können unten *Löschen* ❼ auswählen.

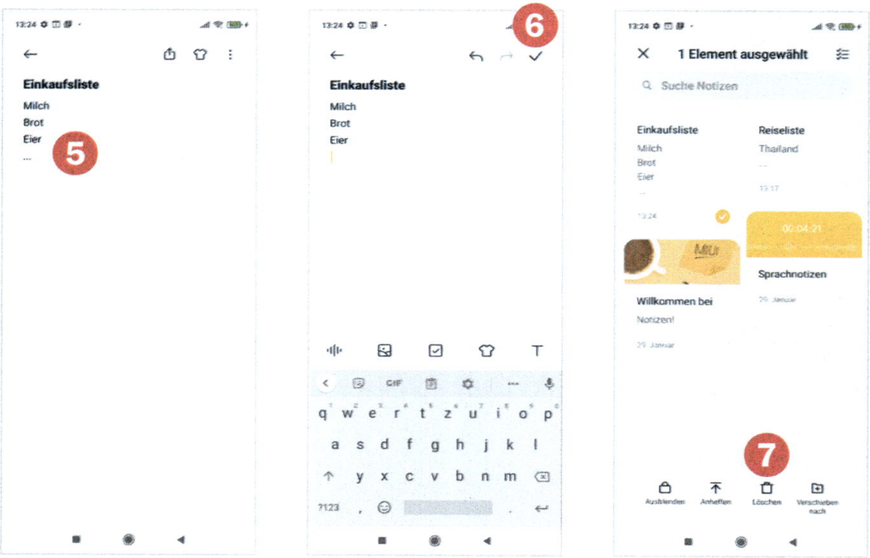

Notiz zu einem Foto erstellen

- Zeigen Sie das Foto in der Einzelbildansicht der App *Galerie* an.
- Tippen Sie auf das Teilen-Symbol ❶. Falls es nicht angezeigt wird, tippen Sie auf das Foto.
- Wischen Sie durch die Apps und wählen Sie *Notizen* ❷ aus. Das Foto wird in die App Notizen eingefügt und Sie können einen Titel und weiteren Text hinzufügen.
- Zum Abschluss speichern ❸ Sie die neue Notiz.

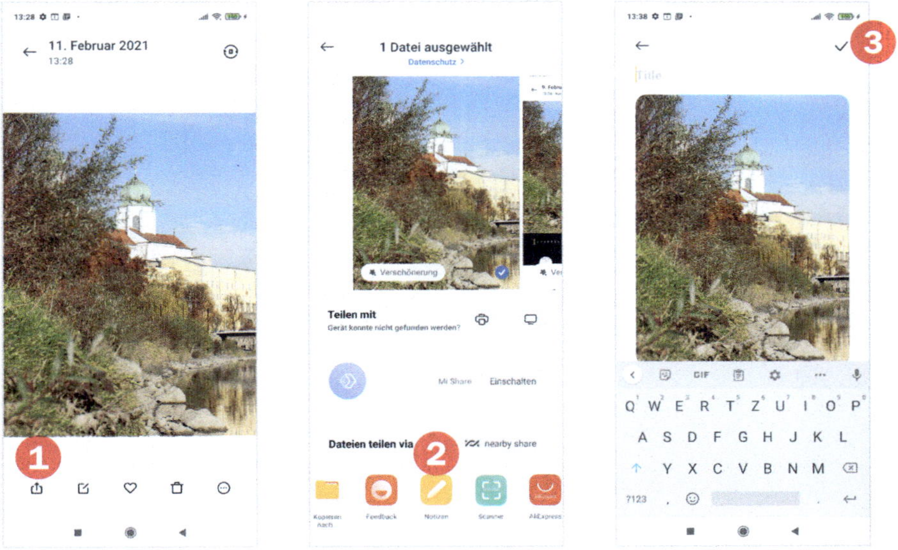

8.4 Screenshot erstellen

Ein Screenshot ist ein Foto von Ihrem Bildschirm. Diese Funktion ist praktisch, wenn Sie eine Frage zu einer App haben oder eine Meldung nicht verstehen. Dann machen Sie einfach einen Screenshot. Diesen können Sie, wie ein Foto, an jemanden in Ihrem Familien- oder Bekanntenkreis senden, der vielleicht eine Antwort weiß.

Das nächste nützliche Einsatzgebiet ist, wenn Sie Informationen behalten wollen, die Sie beispielsweise im Netz gefunden haben, etwa ein Rezept. Machen Sie einfach einen Screenshot. Natürlich stellt auch der Browser eine Merkfunktion zur Verfügung, aber der Screenshot ist so einfach und schnell!

- Um einen Screenshot von Ihrem Bildschirminhalt (im Beispiel ein Rezept auf einer Webseite) zu erstellen, tippen Sie gleichzeitig und kurz auf die Lautstärke-leiser-Taste und die Funktionstaste.
- Sie sehen, dass es funktioniert hat, wenn auf dem Bildschirm rechts oben die Miniaturansicht des Screenshots ❶ erscheint.
- Wenn Sie den ersten Screenshot erstellt haben, wird in der App Galerie im Bereich *Alben* ❷ ein neues Album erstellt mit dem Namen *Screenshots* ❸.

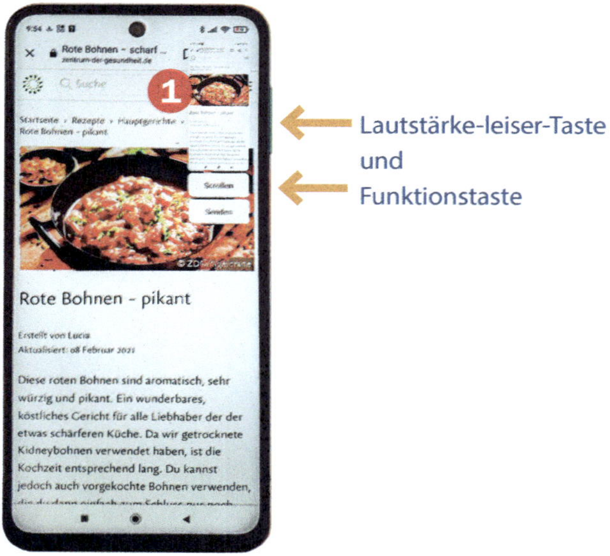

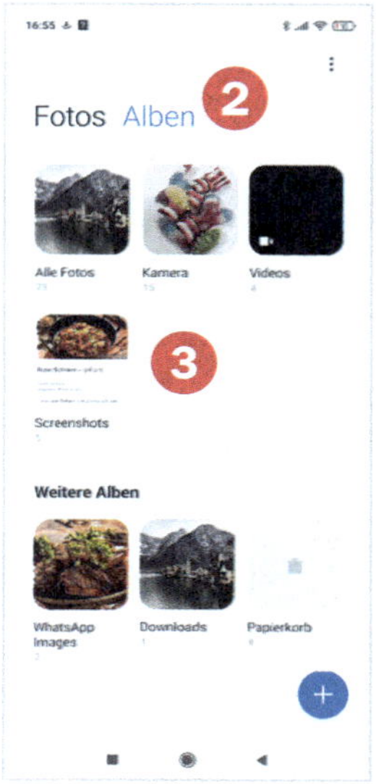

8.5 Mit dem Smartphone den Fernseher steuern

Auf der Oberseite Ihres Smartphones befindet sich ein Infrarot-Sensor, mit dem Sie diverse Geräte steuern können. Das dafür konzipierte Tool heißt Mi-Fernbedienung und befindet sich im Tools-Ordner. Das Xiaomi Redmi Note 9 hat keinen Infrarot-Sensor und verfügt somit nicht über diese Funktion.

So richten Sie das Smartphone als Fernbedienung ein:

- Öffnen Sie den Ordner *Tools* ❶.
- Tippen Sie auf *Mi-Fernbedienung* ❷.
- Erlauben Sie, dass Mi-Fernbedienung auf Elemente auf Ihrem Smartphone zugreifen darf ❸.

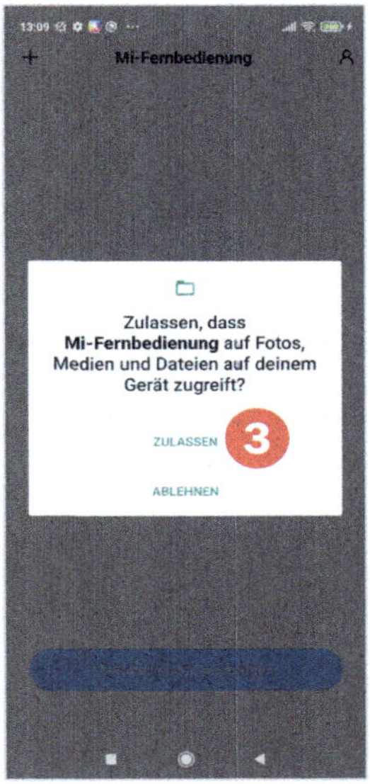

▶ Tippen Sie auf *Fernbedienung hinzufügen* ❹ und wählen Sie in der folgenden Liste ein Gerät aus. Sie können sich unter anderem zwischen *TV*, *DVD-Player*, *Kamera* uvm. entscheiden ❺.

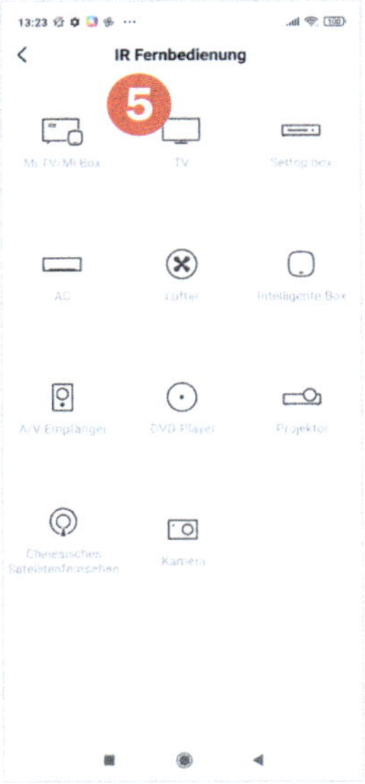

- In unserem Beispiel wählen wir die TV-Fernbedienung aus.
- Suchen Sie in der Liste nach dem Modell des Fernsehers.
- Schalten Sie den Fernseher ein und bestätigen Sie die Anfrage auf Ihrem Smartphone mit *An*.
- Richten Sie dann das Smartphone auf den Fernseher und tippen Sie auf die An-Schaltfläche ❻. Beantworten Sie die unten stehende Frage und wiederholen Sie gegebenenfalls den Vorgang.
- Die Fernbedienung ist eingerichtet und Sie können jetzt damit den Fernseher bedienen.

9 Gesucht & Gefunden

Das Internet hält eine Vielzahl an nützlichen Informationen, lustigen Videos, Einkaufsmöglichkeiten u. v. m. bereit. Lassen Sie uns gemeinsam in die Tiefen des Surfens eintauchen!

Dieses Kapitel beschäftigt sich mit der App Google und dem Browser Chrome. Die Apps sind auf dem Smartphone vorinstalliert und bestechen durch ihr reduziertes Design, wodurch die Internetinhalte im Vordergrund stehen. Viele Suchen enden bei YouTube, einem Portal mit Videos zu Musik, Spielen, Informationen zu und Ausschnitten von Filmen, Sport und Anleitungen zu allen möglichen Themen. Auch diesem wollen wir uns kurz widmen.

9.1 Im Netz surfen

Google-Widget Suche

Um Informationen im Internet zu finden, bietet sich das Google-Widget ❶ auf dem Startbildschirm an. In die Suchleiste können Sie Ihren Suchbegriff eintippen und dann mit der Lupe rechts bestätigen. Nach Eingabe der ersten Buchstaben erscheinen unter dem eingegebenen Begriff Vorschläge. Falls Sie einen vorgeschlagenen Text übernehmen möchten, tippen Sie diese an und die Suche beginnt.

In beiden Fällen erhalten Sie eine Trefferliste mit unterschiedlichen Webseiten.

Tipp: Wer möchte, kann die Anfrage auch diktieren. Tippen Sie dazu auf das Mikrofon-Symbol ❷ in der Suchleiste und stellen Sie zügig Ihre Frage. Es muss sich dabei nicht um einen vollständigen Satz handeln.

Google-App verwenden

Für eine Webseitensuche können Sie nicht nur die Suchleiste auf dem Startbildschirm nutzen, sondern auch direkt in der Google-App fündig werden.

- Öffnen Sie die Google-App im Ordner *Google*.

Google Lens: Bilderkennung

Suchleiste

Aktuelles Wetter

Nachrichten

Rubriken:

- Discover: Nachrichten und Neuigkeiten
- Snapshot: wichtige Informationen, Termine, Aufgaben, Empfehlungen etc.
- Suche: Suchleiste mit Verlauf und Trends
- Sammlungen: gespeicherte Webseiten
- Mehr: Einstellungen, Suchaktivitäten etc.

- Geben Sie in der Suchleiste einen Begriff ein, z. B. Kürbiskuchen ❶. Schon nach Eingabe der ersten Buchstaben erscheinen Treffer ❷ zu Ihrem Begriff. Wählen Sie einen aus. Oder schreiben Sie das Wort/die Wörter aus und tippen anschließend auf das Lupen-Symbol.
- Sie erhalten nun eine Trefferliste mit einer Vielzahl an Webseiten zu Ihrer Suche. Wählen Sie eine Webseite durch Antippen der blauen Seitenbezeichnung ❸ aus. Sie werden nun zu dieser Webseite weitergeleitet. Bevor Sie den Artikel lesen können, müssen Sie beim ersten Besuch der Seite die Cookies akzeptieren.

Cookies sind Textinformationen, die an den Betreiber der besuchten Webseite gesendet werden. Sie enthalten unter anderem die Identifizierung des Surfers und das Speichern bestimmter Dienste, z. B. Anmeldedaten, Warenkörbe etc. Grundsätzlich sind Cookies nicht gefährlich, wenngleich Cookies das Surfverhalten des Internetnutzers analysieren und daraufhin Werbungen generieren.

- Wollen Sie wieder zur Auflistung Ihrer Suchergebnisse, tippen Sie auf die Zurück-Taste.
- Durch vertikales Wischen über die Trefferliste bzw. über den Webseiteninhalt zeigen Sie weitere Informationen an.

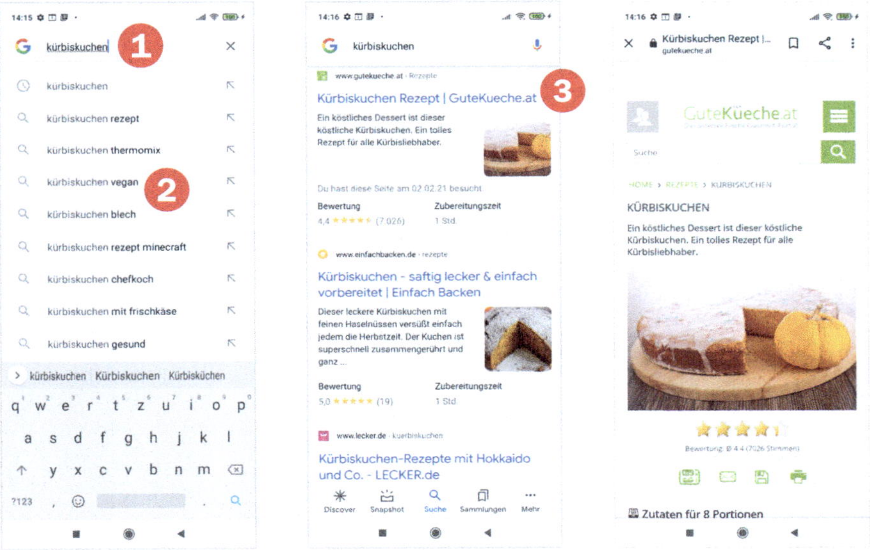

Google Lens: Nach allem was Sie sehen, können Sie suchen

Alternativ verwenden Sie *Google Lens*. Damit können Sie ein Objekt mit Ihrer Kamera in den Fokus nehmen und dann dazu eine Internetrecherche starten. Damit beantworten Sie ganz leicht Fragen wie: Was für eine Pflanze, Sehenswürdigkeit oder Hunderasse ist das?

- Tippen Sie dazu zunächst auf dem Startbildschirm im Google-Widget auf das G.
- Danach tippen Sie in der Google-Suchleiste auf [Lens-Symbol].
- Wählen Sie bei der ersten Verwendung *Kamera öffnen* ❶ und anschließend *Zulassen*, um Google den Zugriff auf Fotos und Videos zu erlauben.

- Halten Sie die Kamera auf das Objekt und drücken Sie auf den Auslöser ❷.
- Nun werden Ihnen im unteren Bereich die Informationen zu dem aufgenommenen Bild angezeigt (in unserem Fall Lilien). Wischen Sie weiter nach unten ❸, wenn Sie weitere Webseiten sehen wollen.

Die zusätzlichen Funktionen von Chrome

Öffnen Sie *Google Chrome* im Ordner *Google* und geben Sie in der oberen Suchleiste eine Internetadresse oder einen Suchbegriff ein, woraufhin Sie zu Google weitergeleitet werden. Wählen Sie hier dann die passende Webseite aus. Auf dieser Webseite haben Sie über ⋮ nun folgende Möglichkeiten:

- *Webseite teilen*: Teilen Sie eine interessante Webseite mit einem oder mehreren Kontakten über E-Mail, WhatsApp und Co.
- *Zur Leseliste hinzufügen* ☆: Speichern Sie bestimmte Webseiten, um sie später zu lesen (auch ohne Internetverbindung). Unter *Lesezeichen* finden Sie alle Webseiten, die Sie zur Leseliste hinzugefügt haben.

- *Auf Seite suchen*: Durchsuchen Sie eine Webseite nach einem bestimmten Begriff.
- *Zum Startbildschirm hinzufügen*: Legen Sie eine Verknüpfung einer Webseite auf dem Startbildschirm ab, um noch schneller darauf zugreifen zu können.
- *Drucken*: Wollen Sie den Artikel in Papierform, drucken Sie ihn einfach aus, indem Sie auf *Teilen...* tippen und anschließend auf *Drucken*.

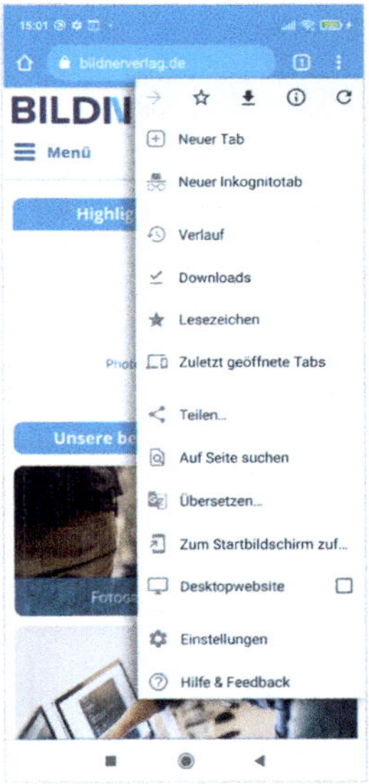

- *Verlauf*: Hier finden Sie alle Browserdaten (hier werden alle Webseiten gespeichert, die Sie besucht haben). Sie können sie mit *Browserdaten löschen...* entfernen.
- *Neuer Tab*: Öffnen Sie einen neuen Tab (Reiter, in dem Sie sich eine Webseite anzeigen lassen können), indem Sie auf *Neuer Tab* tippen. Die Zahl in dem Quadrat [1] in der oberen Leiste gibt an, wie viele Tabs geöffnet sind. Sie können so viele Tabs öffnen, wie es Ihnen beliebt. Zudem können Sie sich alle Tabs anzeigen lassen und zwischen ihnen wechseln.

9.2 YouTube - das Videoportal

YouTube enthält alle Arten von Videos - sowohl informative als auch unterhaltende. Hier finden Sie Musikvideos, Tutorials (Anleitungen) zu allen möglichen Themen, Ausschnitte aus TV-Sendungen u. v. a. m. Auf YouTube findet keine redaktionelle Prüfung der Inhalte auf Richtigkeit statt und so kann jeder auch seine persönlichen Ansichten der Welt mitteilen. Der Zuschauer muss selbst entscheiden, was er glauben möchte.

YouTube und auch die Personen (YouTuber, Influencer), die dort Videos hochladen, finanzieren sich durch Werbeeinblendungen. Aus diesem Grund sehen Sie am Anfang eines Videos und zum Teil auch als Videounterbrechung, Werbefilme. Das ist der Preis für das sonst kostenlose Angebot.

Die App ist auf Ihrem Gerät vorinstalliert. YouTube gehört zum Google-Konzern. Aus diesem Grund finden Sie die App im Google-Ordner.

- Öffnen Sie den Google-Ordner ❶ durch Antippen und wählen dann die App *YouTube* ❷.
- **YouTube Premium:** Beim ersten Start und auch später immer mal wieder wird Ihnen YouTube Premium angeboten ❸. Dieses Angebot würde Sie nach Ablauf des Testzeitraums 11,99 € im Monat kosten. Dafür wird neben weiterer Vorteile keine Werbung mehr eingeblendet. Tippen Sie auf das *x*, um auf dieses Angebot zu verzichten.

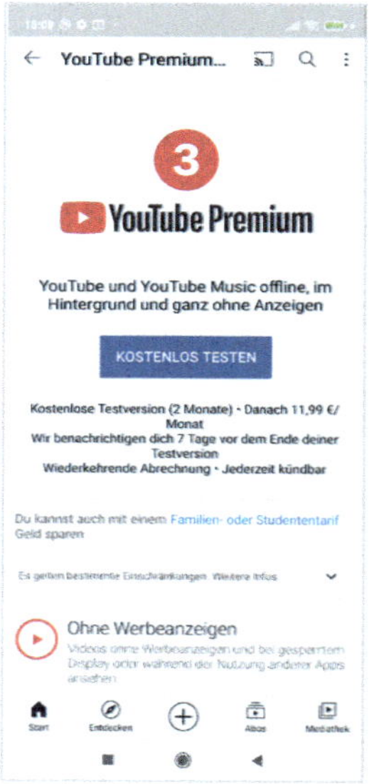

YouTube-Video abspielen

- Parallel zum unteren Bildschirmrand finden Sie die YouTube-Bearbeitungsleiste mit den Rubriken *Start* und *Entdecken* ❹. Hier sind zahlreiche Videos aufgelistet. Wischen Sie mit dem Finger nach oben und stöbern Sie in der Liste.
- Wenn Ihnen ein Video zusagt, tippen Sie darauf. Das Video wird sofort gestartet.
- Vor vielen Videos wird zunächst Werbung eingeblendet. Diese können Sie in der Regel nach fünf Sekunden einfach mit einem Tipp auf *Werbung überspringen* ❺ beenden.

- Falls das ausgewählte Video keinen Ton hat, kontrollieren Sie die Lautstärke durch Drücken der Lautstärketaste rechts am Handy. Dadurch wird oben die Lautstärkeleiste ⑥ eingeblendet. Allerdings ist auch nicht jedes YouTube-Video mit Ton hinterlegt.
- Wenn Sie das Video pausieren wollen, tippen Sie auf das Videobild und anschließend auf ⏸. Wieder starten können Sie das Video mit ▶.

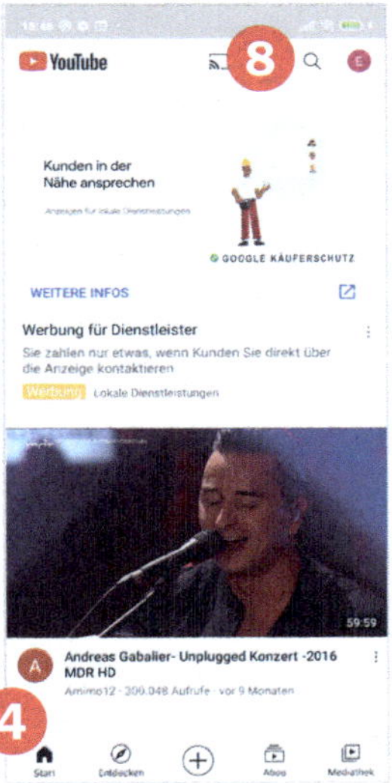

> Wenn Sie die YouTube-App schließen, wird auch das Video beendet. Sie können also beispielsweise keine Musik hören und zeitgleich in anderen Apps aktiv sein. Das ist nur mit dem kostenpflichtigen Premium-Konto möglich.

- Wenn Sie weiterstöbern wollen, betätigen Sie die Zurück-Taste. Das Video wird nicht beendet, sondern im unteren Bereich eingeblendet. Jetzt können Sie entweder auf *Start* oder *Entdecken* tippen und ein neues Video auswählen. Um das aktuelle Video zu schließen, tippen Sie auf *x* ⑦.

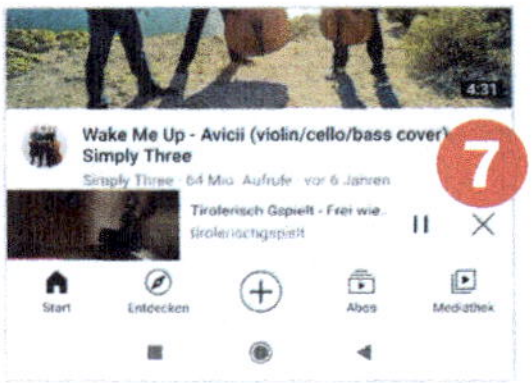

- **Video suchen:** Verwenden Sie die Suchleiste, indem Sie rechts oben auf die Lupe 🔍 ❽ tippen. Geben Sie Ihren Suchbegriff ein und wählen Sie entweder aus den Vorschlägen aus oder tippen Sie auf Ihrer Tastatur auf die Lupe rechts unten.

Video im Querformat

Jetzt ist es auf jeden Fall Zeit, das Smartphone mal ins Querformat zu drehen. Wenn dabei schon ein Video läuft, wird dieses über den gesamten Bildschirm im sogenannten Vollbildmodus angezeigt.

Merken Sie sich: Wenn im Querformat die Navigationsleiste nicht angezeigt wird, streichen Sie mit dem Finger vom Rand des Bildschirms nach innen und zwar von der Seite, an der sich die Multifunktionsbuchse für den Anschluss des Ladegeräts befindet.

Der Bildschirm dreht nicht

Sollte sich der Bildschirm nicht drehen, öffnen Sie die Schnelleinstellungen, indem Sie vom oberen Bildschirmrand nach unten wischen und deaktivieren Sie *Ausrichtung der Sperre*. Über diesen Weg können Sie jederzeit das Drehen des Bildschirms auch wieder verhindern.

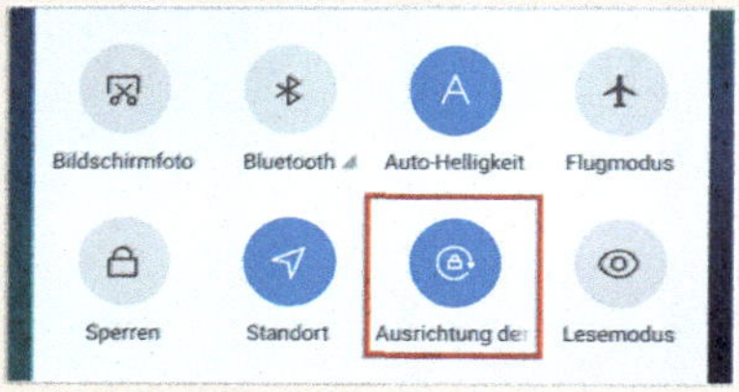

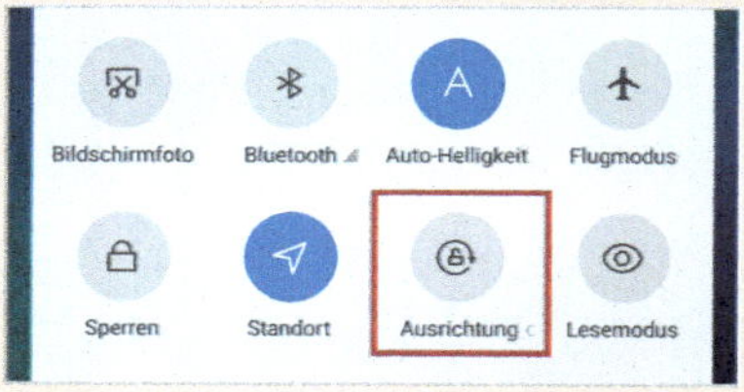

Alles zum Thema Lautstärke

An der rechten Seite des Geräts befindet sich die Lautstärketaste, die wie eine Wippe funktioniert - drücken Sie oben, erhöht sich die Lautstärke, unten wird sie verringert. Gleichzeitig wird auf dem Bildschirm die Lautstärkeleiste angezeigt, die Sie auch mit dem Finger bedienen können.

Die Lautstärke wird in drei Regelungsbereiche unterteilt: Medien, Benachrichtigungen/Anrufe und Weckruf. Man kann sagen, dass Benachrichtigungen/Anrufe und Weckruf eine Gruppe bilden, da diese automatisch bei einem Anruf, dem Eingang einer SMS etc. ertönen. Mit Medien regeln Sie die Lautstärke, wenn Sie Musik am Smartphone abspielen, ein Video betrachten oder die Hintergrundmusik bei einem Spiel lautlos stellen möchten.

Das hat auch Auswirkungen auf die Lautstärketaste: Wenn Sie die Lautstärketaste in einer App bedienen, die Ton hat ❶, dann regeln Sie damit automatisch die Medienlautstärke und können gegebenenfalls auf Lautlos stellen ❷.

Mit Antippen des Drei-Punkte-Menüs ··· ❸ unterhalb der Lautstärkeleiste erweitern Sie diese und können für alle drei Bereiche die Lautstärke mit dem Finger regeln.

Es gibt drei unterschiedliche Tonmodi - *Ton* ❹, *Stumm* ❺ und *Vibrieren* ❻. Über die Schnelleinstellungen wechseln Sie leicht zwischen den Modi. Wischen Sie dazu vom oberen Bildschirmrand nach unten und tippen Sie auf das Glockensymbol.

Jeweils durch einen Tipp wechselt die Einstellung von *Ton* auf *Stumm*. Sobald Sie die Stumm-Funktion aktiviert haben, schaltet sich automatisch *Vibrieren* an. Wenn Sie es absolut lautlos haben möchten, also dass weder ein Ton noch eine Vibration entsteht, deaktivieren Sie auch die Schaltfläche *Vibrieren*.

Wenn Sie das Smartphone auf lautlos stellen, hören Sie keinen Anruf- oder Benachrichtigungston mehr. Wichtig zu wissen ist, dass ein eingestellter

Alarm trotzdem ertönt. Auch ein Video, dass Sie in YouTube betrachten, wird nicht lautlos abgespielt. Hier müssen Sie die Medienlautstärke verringern.

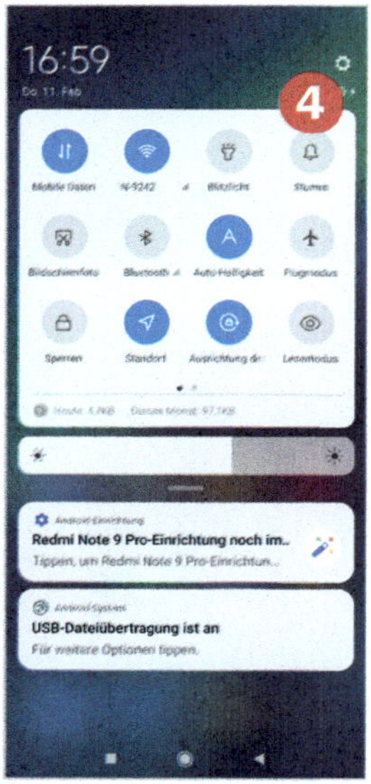

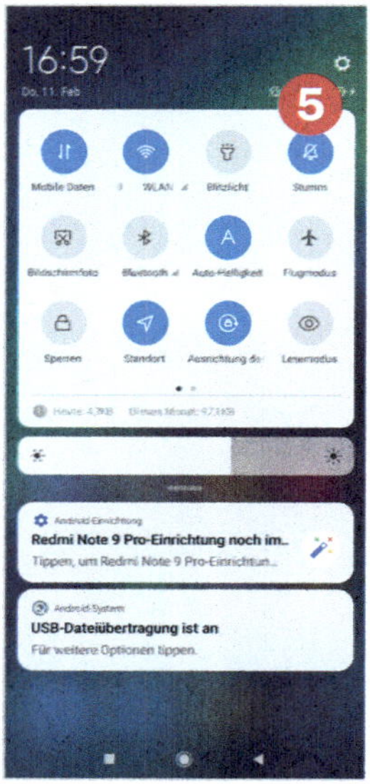

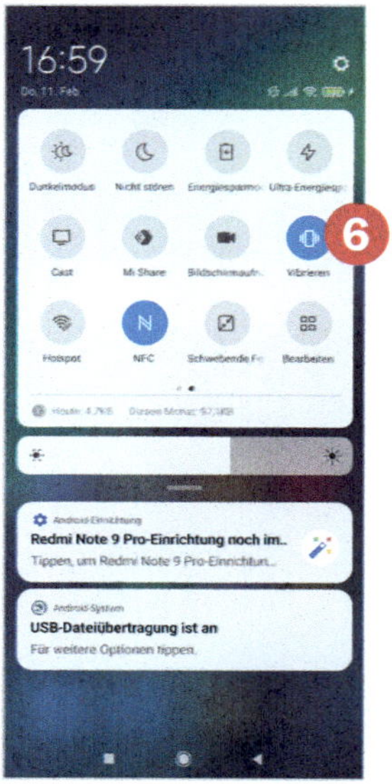

10 Unterwegs und im Urlaub

10.1 Navigation mit Google Maps

Google Maps ist auf Ihrem Gerät vorinstalliert, kostenlos und absolut ausreichend, wenn Sie den richtigen Weg suchen und ans Ziel kommen wollen. Die App berechnet die beste Route zu Ihrem Wunschziel und achtet dabei sogar auf die aktuelle Verkehrslage.

- Zuallererst müssen Sie kontrollieren, ob die Standortfreigabe oder GPS auf Ihrem Smartphone aktiviert ist, sodass Google Maps Ihren aktuellen Standort anzeigt. Wischen Sie mit dem Finger vom oberen Bildschirmrand nach unten und tippen Sie ggf. in den Schnelleinstellungen auf *Standort*. Wenn das Symbol blau ist, ist es aktiviert.

Eine Route festlegen

- Öffnen Sie *Google Maps* im Ordner *Google* auf Ihrer Startseite.
- Geben Sie in der Suchleiste ❶ die Zieladresse ein. Beginnen Sie mit der Straße, dann Hausnummer und den Ort. Tippen Sie auf die Lupe auf der Tastatur.

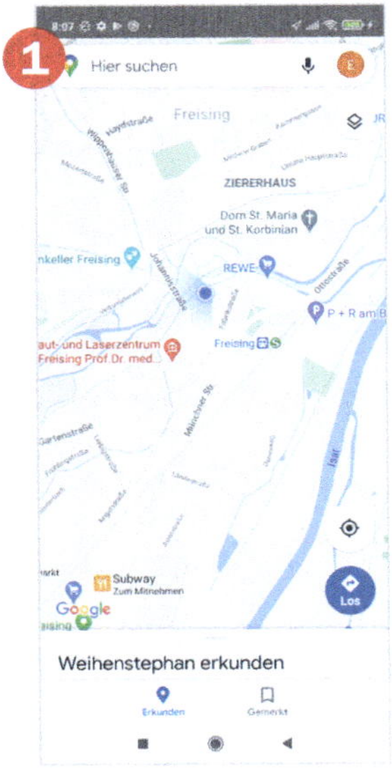

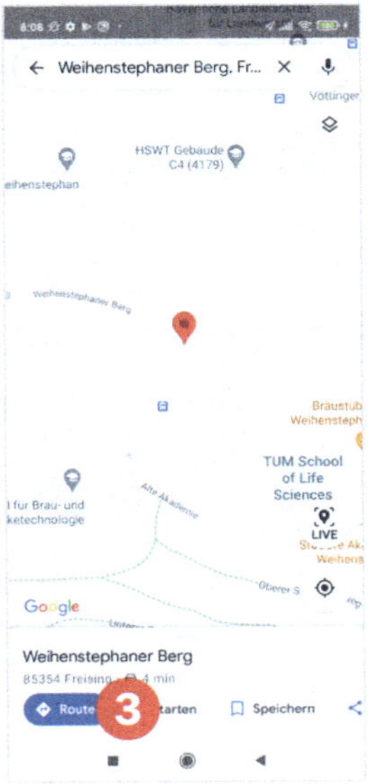

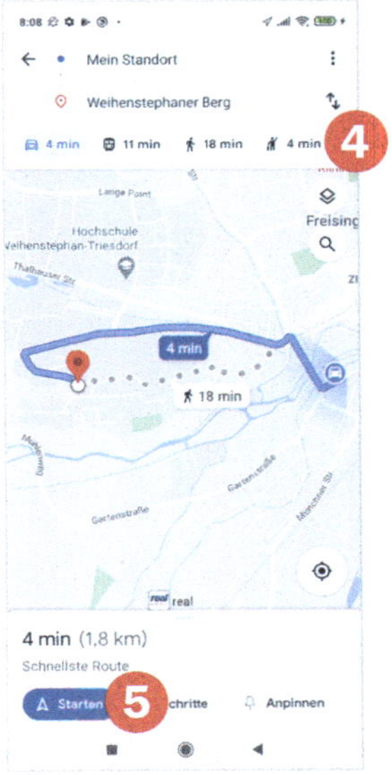

Meist müssen Sie gar nicht alles eingeben, da Sie in der Trefferliste schon passende Vorschläge erhalten. Tippen Sie diesen dann an.

Bei langen Straßen ist es sinnvoll, die Hausnummer einzugeben. Wenn Sie einen Vorschlag verwenden möchten, tippen Sie bei diesem auf *Hausnummer hinzufügen* ❷. Der Vorschlag wird ins Suchfeld übernommen und Sie können dann sofort die Hausnummer eintippen.

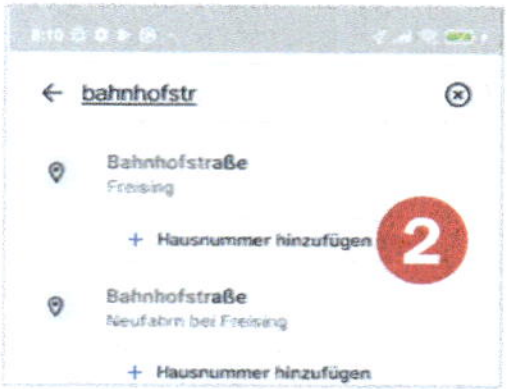

- Tippen Sie dann links unten auf *Route* ❸ (Abbildung vorherige Seite) Google Maps zeigt Ihnen nun eine Route in blauer Farbe (= beste Route) im Kartenausschnitt an.
- Wenn Ihr aktueller Standort aktiviert ist, wird dieser als Startpunkt verwendet. Sie können allerdings auch einen anderen Standort hinterlegen. Tippen Sie auf *Mein Standort* und geben Sie einen anderen Ort ein.
- Unterhalb der Suchleiste können Sie verschiedene Verkehrsmittel ❹ auswählen (*Auto*, *Fahrrad*, *zu Fuß* etc.). Beachten Sie hier die korrekte Wahl, diese kann Einfluss auf die Streckenführung haben.

- Der Kartenausschnitt beinhaltet mehrere Routen (alternative Routen sind grau dargestellt) mit ihren unterschiedlichen Fahrzeiten. Wählen Sie eine Route aus, indem Sie auf diese tippen.
- Mit der Schaltfläche *Starten* ❺ beginnen Sie die Navigation, neben der Anzeige am Bildschirm ertönt dann auch eine Stimme, die die Abzweigungen rechtzeitig und mehrfach nennt. Eventuell müssen Sie die Lautstärke am Smartphone anpassen.
- Wenn Sie die Navigation abbrechen möchten, tippen Sie unten links auf *x*.

Offline-Wegbeschreibungen

Bei Verbindungsproblemen und vor allem im Urlaub sind Offline-Karten toll. Damit laden Sie die Wegbeschreibung einfach auf Ihr Smartphone und sind damit unabhängig.

- **Offline-Karte herunterladen:** Geben Sie, wie bereits beschrieben, einen Zielort in Google Maps ein. Tippen Sie im unteren Bereich neben dem Ortsnamen auf die weiße Fläche und anschließend auf *Herunterladen* ❶. Verschieben Sie, wenn gewünscht, den Kartenausschnitt und bestätigen Sie nochmals mit *Herunterladen*. Die Route wird nun heruntergeladen.
- Die Offline-Karte wird automatisch verwendet, wenn Sie über keine Internetverbindung verfügen. In diesem Fall erhalten Sie keine Informationen zur Verkehrslage und auch keine zu Fahrrad- oder Fußwegen.
- **Offline-Karte verwalten:** Sie finden sie, wenn Sie rechts oben auf Ihr Profilsymbol ❷ tippen. Wählen Sie im Menü *Offline-Karten* aus.

- Tippen Sie auf die heruntergeladene Karte ❸. Diese kann nun gelöscht ❹ oder aktualisiert werden.

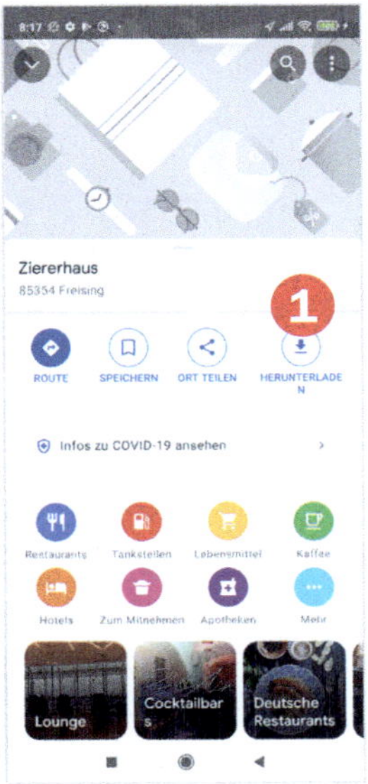

> Heruntergeladene Karten sind 30 Tage offline verfügbar. Löschen Sie sie wieder, wenn Sie sie nicht mehr benötigen, damit nicht unnötig Speicherplatz verschwendet wird.

10.2 Mit der Bahn verreisen

Für eine Reiseauskunft muss man nicht immer zum Bahnhof. Sie können die Informationen schnell im Internet nachschlagen. Wer öfter mit der Bahn verreist, kann auch die App der Deutschen Bahn herunterladen.

- Geben Sie, wie auf Seite 129 beschrieben, den Suchbegriff *Bahn* in die Google-Suchleiste ein und öffnen Sie die Webseite.
- Auf der Startseite sehen Sie sofort die Reiseeingabefelder (Abfahrts- und Ankunftsort, Datum und Uhrzeit). Geben Sie in die Felder die entsprechenden Details ein ❶.
- Sobald Sie eine Eingabe tätigen, erscheinen weitere Felder, z. B. wie viele Reisende, Erwachsene oder Kinder, mit oder ohne Bahncard ❷. Wählen Sie das Passende aus.
- Bestätigen Sie Ihre Eingaben mit *Suchen* ❸.

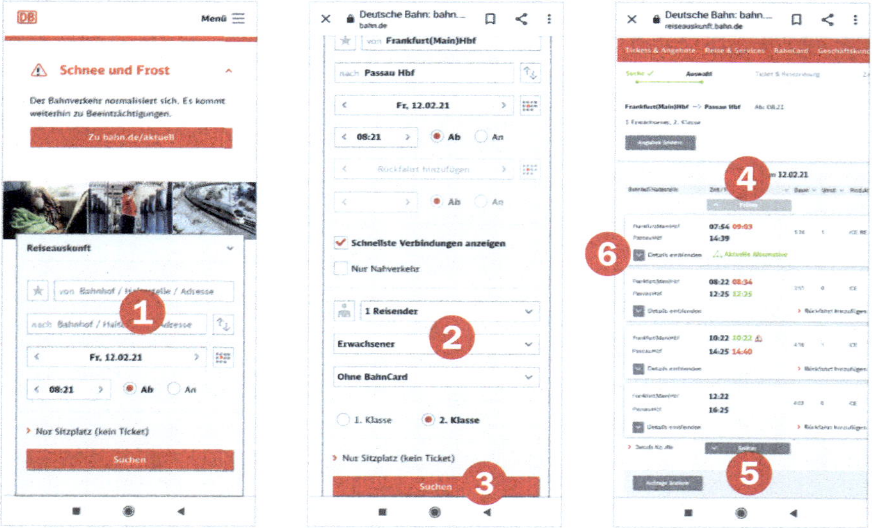

- Es wird eine Liste mit verschiedenen Abfahrten angezeigt. Tippen Sie auf *Früher* ❹ oder *Später* ❺, um sich Informationen von vorherigen bzw. kommenden Abfahrten anzeigen zu lassen.
- Wenn Sie auf *Details einblenden* ❻ tippen, werden Ihnen weitere Informationen angezeigt. Über *Zwischenhalte einblenden* sehen Sie, wo und wann der Zug auf der Strecke hält.

10.3 Das Wetter im Blick haben

Das Widget *Wetter* haben Sie ja bereits kennengelernt und eingerichtet (siehe Seite 56).

> Damit die App Ihren aktuellen Standort und somit das Wetter ermitteln kann, ist es von Vorteil, wenn Sie GPS aktivieren. Wischen Sie mit dem Finger vom oberen Bildschirm nach unten (eventuell ist ein zweites Wischen erforderlich, damit das Symbol zum Vorschein kommt) und tippen Sie auf *Standort*.

- Tippen Sie auf das Wetterwidget, um genauere Informationen zu erhalten. Das aktuelle Wetter, die Wetterprognose der nächsten Tage ❶ und weitere Informationen, z. B. UV-Index, Wind, Feuchtigkeit etc. werden angezeigt ❷.

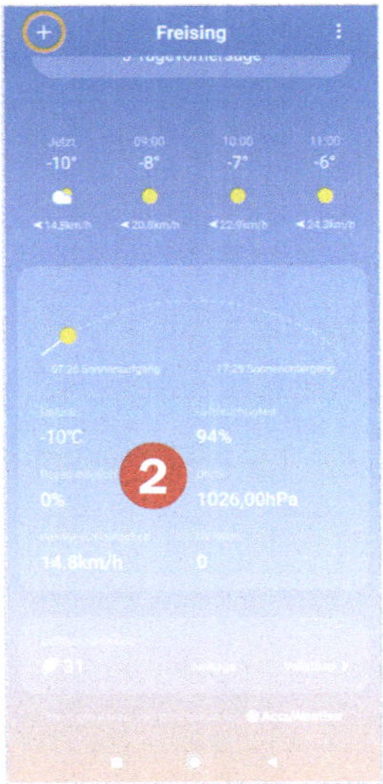

Sie können beliebig viele Orte in der App hinzufügen.

- Tippen Sie auf das links oben ❸ und geben Sie einen Ort ein. Bestätigen Sie mit ❹ neben dem angezeigten Ort. In der App können Sie nun zwischen den verschiedenen Orten hin- und herwischen. Sie sehen an der Anzahl der weißen Punkte ❺, wie viele Orte hinzugefügt wurden.

- Wenn Sie einen Ort entfernen wollen, wählen Sie ⊕, bleiben mit dem Finger etwas länger auf dem Ort und tippen unten auf *Löschen* ❻.

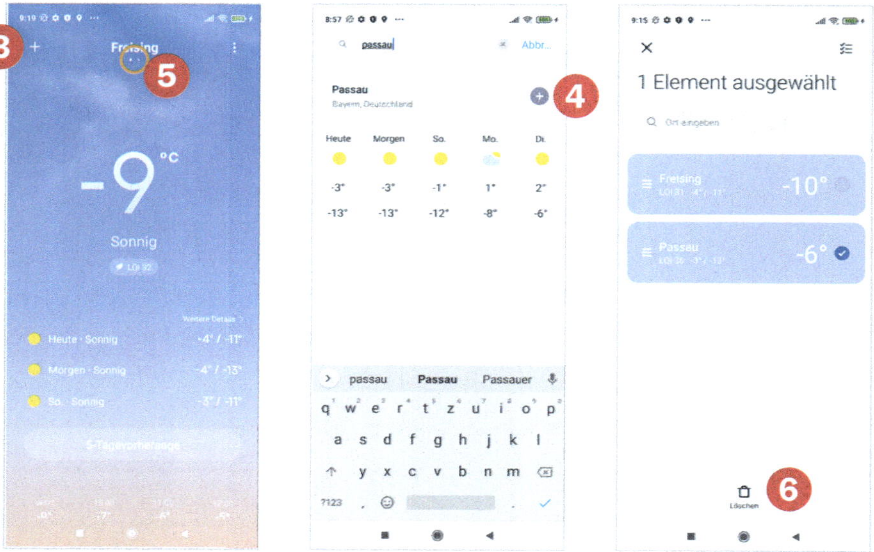

10.4 Was sollten Sie im Ausland beachten

Das Smartphone ist natürlich auch im Urlaub ein wertvoller Begleiter. Allerdings kann es, wenn Sie Ihr Smartphone im Ausland (im Besonderen außerhalb der EU) so verwenden wie Zuhause, schnell teuer werden. Hier gibt es einiges zu beachten.

Überlegen Sie sich vor Reiseantritt, über Google-Maps eine Offline-Karte der Region herunterzuladen. Stöbern Sie im Play Store, ob es für das Urlaubsziel Apps zu Sehenswürdigkeiten, Wanderwegen oder Busnetzen gibt. Vielleicht benötigen Sie auch einen Währungsumrechner. Apps, die Sie für den Urlaub herunterladen, sollten nach Möglichkeit auch offline, also ohne Verbindung zum Internet, verwendbar sein. Das ist natürlich nicht immer möglich.

Was ist mit Roaming oder Daten-Roaming gemeint?

Wenn Sie ins Ausland reisen, verbindet sich Ihr Smartphone mit dem ausländischen Mobilfunknetz. Da Sie auf der Grundlage Ihres Vertrags in der Regel nur für die Nutzung des Mobilfunknetzes Ihres Anbieters bezahlen, fallen für die Verwendung des fremden Netzes zusätzliche Gebühren an, z. B. für Anrufe, die Sie erhalten oder tätigen, für das Surfen im Internet mit dem Smartphone oder für das Versenden von Nachrichten in WhatsApp.

Eine Möglichkeit, wie Sie diesen sogenannten Roaming-Gebühren im Ausland entgehen können, ist, das Smartphone nur zu nutzen, wenn dieses mit einem WLAN (z. B. das WLAN des Hotels) verbunden ist. Durch die EU-Roaming-Verordnung von 2017 soll mit diesen Zusatzkosten zumindest im EU-Ausland Schluss sein. Die Idee ist, dass Sie im EU-Ausland telefonieren, surfen oder Nachrichten verschicken und dabei nur den Tarif bezahlen, den Sie im Heimatland bezahlen würden.

Welche Regelung genau für Ihren Vertrag gelten, müssen Sie vor Reiseantritt mit Ihrem Anbieter oder durch Durchsicht Ihres Vertrags klären. Verlassen Sie sich nicht pauschal darauf, dass keine Roaming-Gebühren entstehen.

Die Mailbox - also der Anrufbeantworter Ihres Smartphones - sollte vor Reiseantritt ebenfalls deaktiviert werden. Auch das kann zusätzliche Kosten verursachen. Erkundigen Sie sich auch hier bei Ihrem Mobilfunkanbieter.

Eine Kreuzfahrt, die ist lustig Aber Achtung! Auf Schiffen oder in Flugzeugen gilt die EU-Roaming-Verordnung nicht. Hier können hohe Roaming-Gebühren anfallen. Auch das WLAN auf einem Kreuzfahrtschiff oder im Flugzeug kostet in der Regel extra.

Daten-Roaming aktivieren bzw. deaktivieren

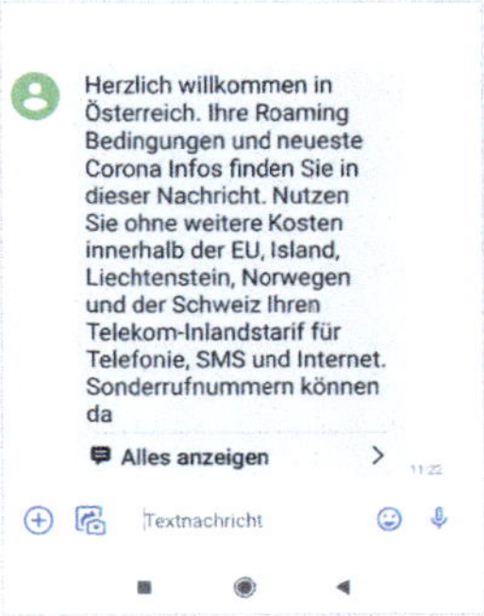

Überprüfen Sie vor Antritt einer Auslandsreise ins Nicht-EU-Ausland, ob das Daten-Roaming ausgeschaltet ist. Bei ausgeschaltetem Daten-Roaming können Sie nicht im Internet surfen und erhalten auch keine WhatsApp-Nachrichten.

Im EU-Ausland können Sie das Daten-Roaming in der Regel aktivieren. Sie erhalten von Ihrem Anbieter eine entsprechende SMS, die Sie über die geltenden Regelungen informiert.

- Öffnen Sie die *Einstellungen* und tippen Sie auf *SIM-Karten & Mobile Netzwerke* ❶.
- Wählen Sie dann *Datenroaming* ❷ aus.

- Im Bild rechts ist das Daten-Roaming ausgeschaltet (*Niemals*) ❸.
- Wenn Sie das Daten-Roaming einschalten möchten, tippen Sie auf *Immer* ❹.

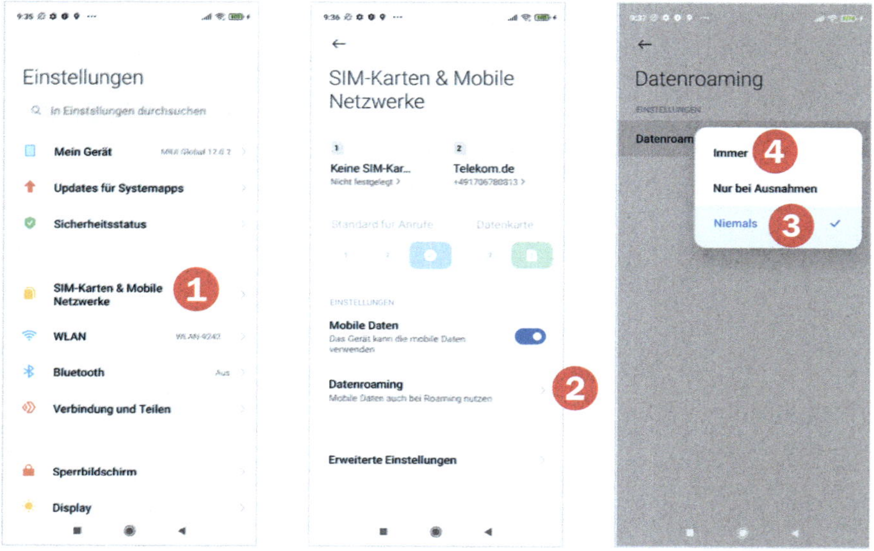

Smartphone mit einem WLAN verbinden

Bei Freunden, im Hotel oder Ferienhaus können Sie sich mit dem vorhandnen WLAN verbinden.

- Tippen Sie auf *Einstellungen* und wählen Sie *WLAN* ❶ aus. Es erscheint eine Liste aller verfügbaren Netzwerke in der Umgebung.
- Tippen Sie das gewünschte WLAN ❷ an und geben Sie das Kennwort ein, welches Sie vom Hotel oder dem Freund erhalten haben. Dann tippen Sie auf *Verbinden* ❸.
- In Hotels kann es vorkommen, dass Sie sich nach dem Verbindungsaufbau noch zusätzlich anmelden müssen. Dazu wird in der Regel eine Webseite in Ihrem Browser angezeigt, in die Sie Ihre E-Mail-Adresse und weitere Informationen eingeben müssen.

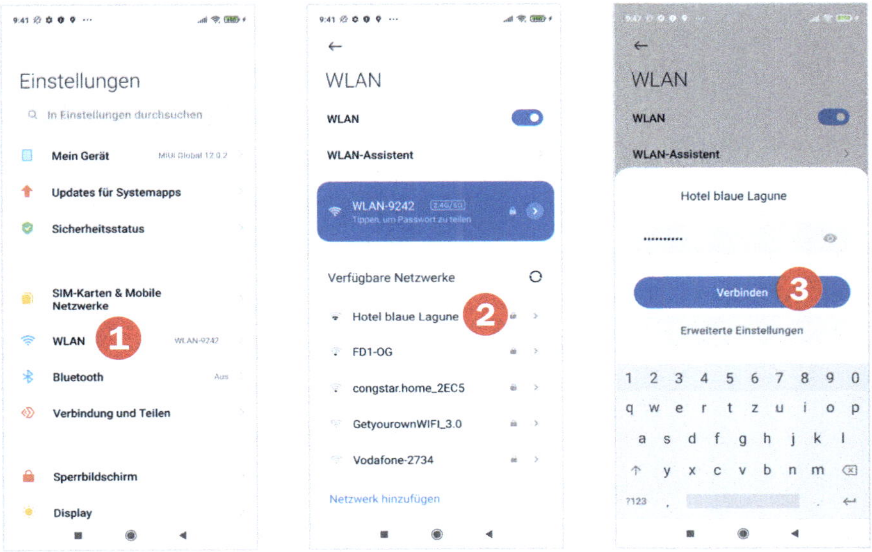

> **Achtung!** In Hotels oder Ferienwohnungen muss das angebotene WLAN nicht immer kostenlos zur Verfügung stehen. Erkundigen Sie sich, bevor Sie sich verbinden.

Flugmodus

Im Flugmodus, auch Offline-Modus genannt, sind mobile Daten, WLAN und Bluetooth ausgeschaltet. Sie sind telefonisch nicht erreichbar und erhalten auch keine SMS oder WhatsApp-Nachrichten. Natürlich können Sie auch nicht im Internet surfen.

- Öffnen Sie die Schnelleinstellungen und tippen Sie auf Flugmodus ❶. Das Feld wird blau und ist somit aktiv ❷.
- Sie sehen auch, dass der Flugmodus aktiv ist, am Flugzeugsymbol in der Statusleiste.
- Auf demselben Weg schalten Sie den Flugzeugmodus wieder aus.

> **Tipp!** Sie können nach Einschalten des Flugmodus die Option *Bluetooth* ❸ durch Antippen wieder aktivieren, falls Sie mit einem Bluetooth-Kopfhörer Musik über das Smartphone hören möchten.

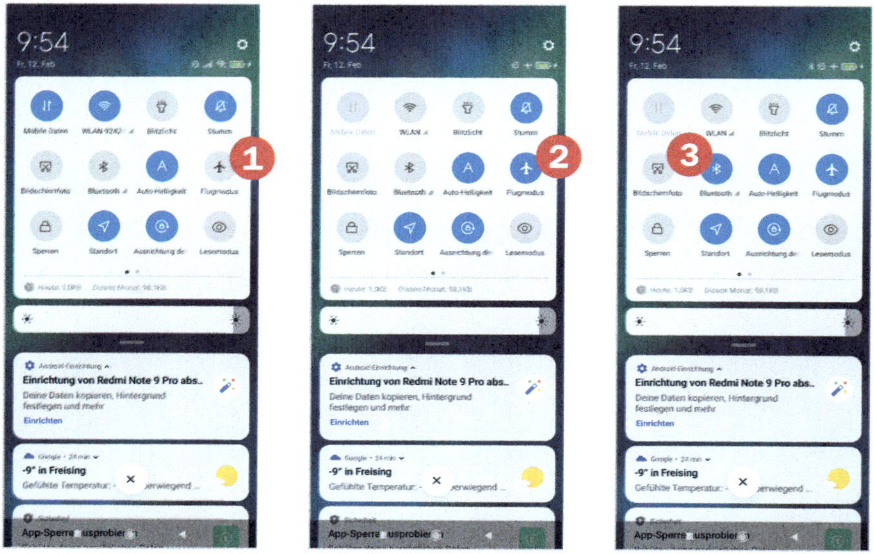

Was ist Bluetooth und wozu brauche ich es?

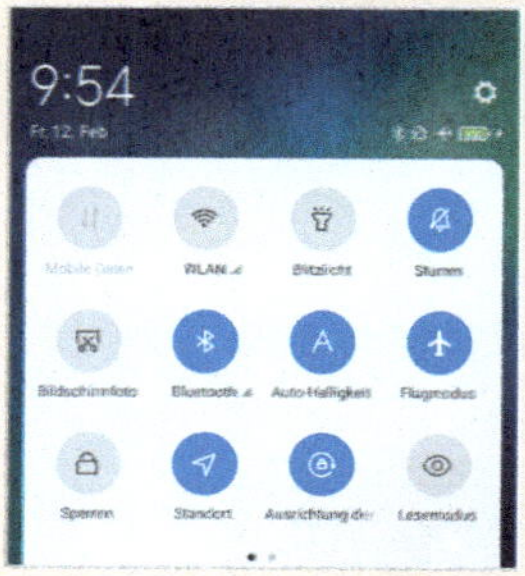

Bluetooth ist eine Methode zur Datenübertragung via Funk zwischen zwei Geräten, die nicht weiter als zehn Meter voneinander entfernt sind. Damit können Sie verschiedene Geräte kabellos miteinander verbinden, beispielsweise Ihr Smartphone mit Bluetooth-Kopfhörern oder einem -Lautsprecher, um Musik vom Handy zu übertragen. Durch Bluetooth können Sie auch Ihr Smartphone mit der Freisprechanlage im Auto verbinden oder mit einem anderen Smartphone. Bluetooth benötigen Sie auch für die Corona-Warnapp. Hier wird ein aktives Bluetooth etwas zweckentfremdet zur Abstandsmessung genutzt. Falls Sie die Corona-Warnapp installiert haben, müssen Sie dann auch Bluetooth aktivieren. Dazu wischen Sie vom oberen Bildschirmrand nach unten zur Anzeige der Schnelleinstellungen und tippen auf *Bluetooth*.

11 Daten übertragen

Der Umzug von einem Smartphone auf das nächste ist vielleicht ganz schnell geschehen. Manchmal treten Probleme auf und man muss sich überlegen, wie man zuverlässig alle Daten von einem auf das andere Smartphone übertragen kann. Den einen Weg gibt es nicht, da zu viele Faktoren in den Übertragungsprozess hineinspielen, z. B. Handymodell, installierte Apps, welche Daten werden synchronisiert usw. Wir zeigen Ihnen, wie Sie Ihre Smartphone-Daten über die Google-Cloud übertragen. Diese Arbeiten und zusätzliche Sicherungen sollten Sie vorher vornehmen:

Vorbereitung

- Jetzt ist ein guter Zeitpunkt, Ihr altes Smartphone aufzuräumen.
- Kopieren Sie Daten, wie z. B. Musik oder Fotos, via Datenkabel auf Ihren PC, wie auf Seite 109 beschrieben. Fotos und Videos können Sie auch über die Google-App *Fotos* mit Ihrem Google-Konto synchronisieren.
- Erstellen Sie eine Liste aller verwendeten Konten mit E-Mail-Adresse und Kennwort: allen voran natürlich das Google-Konto und ggf. das Mi-Konto, aber auch alle Cloud-Speicher, die Sie in Gebrauch haben, und das Amazon-Konto etc.
- Erstellen Sie Back-ups wo möglich. Die Inhalte von WhatsApp können beispielsweise auf Google-Drive gesichert werden und so ganz leicht auf das neue Smartphone übertragen werden. Ihre Kontaktdaten werden wahrscheinlich mit dem Gmail-Konto synchronisiert usw.
- Erstellen Sie Screenshots (siehe Seite 125) von Ihren Startbildschirmen und übertragen Sie diese ebenfalls auf Ihren PC. So haben Sie eine Vorlage, falls etwas schief geht.

Daten in die Google-Cloud sichern

Öffnen Sie die *Einstellungen* und wählen Sie *Mein Gerät* und tippen dann auf *Sichern und wiederherstellen* ❶ und dann unten auf *Google-Konto* ❷. Der Schalter bei *In Google Drive sichern* ❸ muss eingeschaltet sein. Darunter sehen Sie das Konto ❹ auf das gesichert wird. Dieses müssen Sie später auf Ihrem neuen Gerät verwenden, damit die Daten aus der Cloud auf das neue Smartphone übertragen werden können. Tippen Sie auf *Jetzt sichern* ❺.

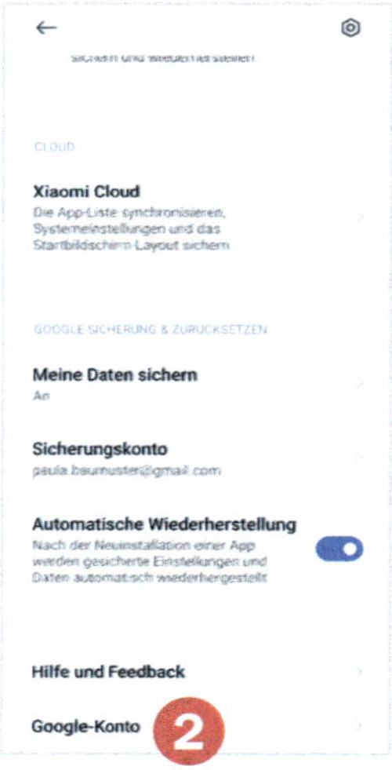

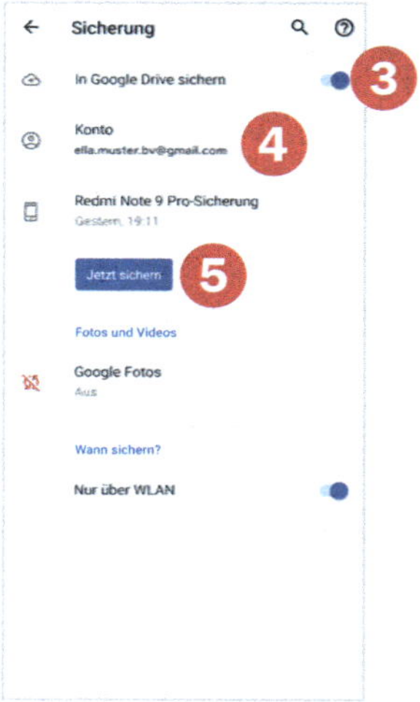

Übertragung über die Cloud

Über die Google Cloud werden die gesicherten Daten jetzt auf das neue Smartphone übertragen:

- Beginnen Sie mit der Einrichtung Ihres neuen Smartphones, wie ab Seite 13 beschrieben. Tippen Sie bei *Apps & Daten kopieren* auf *Weiter* ❶.
- Wählen Sie dann *Sicherung aus der Cloud* ❷ aus und melden Sie sich mit Ihrem Google-Konto an ❸.

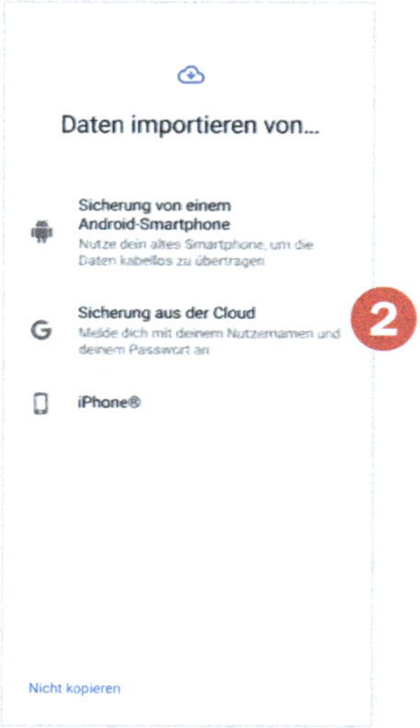

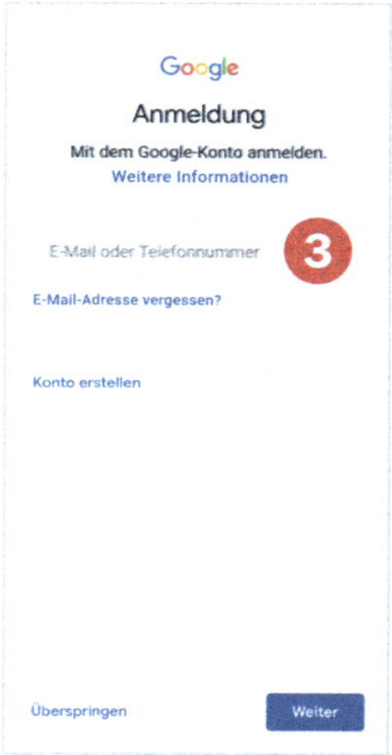

- Stimmen Sie der *Datenschutzerklärung* und den *Nutzungsbedingungen* zu ❹, bestätigen Sie die einzelnen *Google-Dienste* und führen Sie die Einrichtung fort.
- Zum Wiederherstellen Ihrer Daten müssen Sie nun das alte Gerät aus einer Liste auswählen ❺. Im Anschluss sehen Sie, was übertragen wird (Apps, Kontakte, SMS etc.). Wenn Sie wollen, können Sie noch etwas abwählen. Tippen Sie auf *Wiederherstellen* ❻.

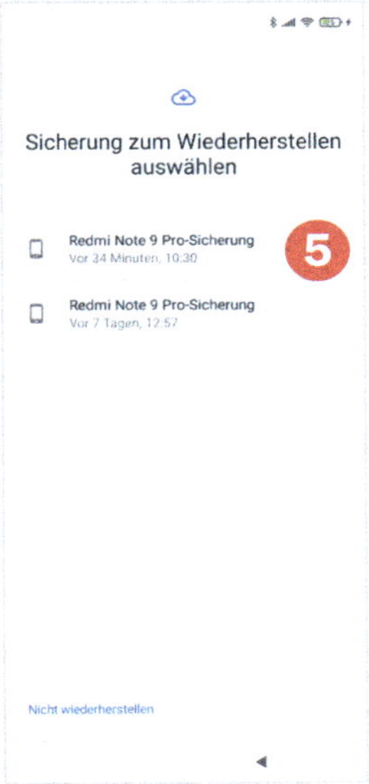

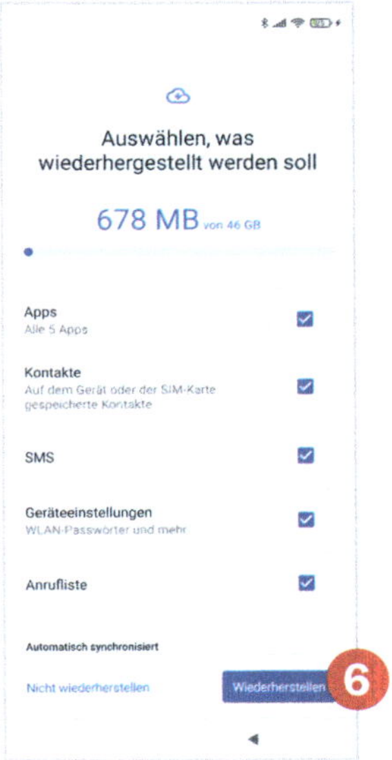

Achtung! Verlassen Sie sich nicht darauf, dass alles kopiert wurde. Kontrollieren Sie die Inhalte des neuen Smartphones, bevor Sie das alte Handy zurücksetzen.

Smartphone zurücksetzen

Sie sollten Ihr Smartphone erst zurücksetzen, wenn Sie kontrolliert haben, dass Ihr neues Smartphone alle gewünschten Daten enthält. Das Zurücksetzen auf Werkseinstellungen bedeutet dass das Smartphone auf den Auslieferungszustand zurückgesetzt wird. Beim Einschalten des Smartphones muss dieses erneut eingerichtet werden.

Konto löschen

Löschen Sie dann zur Sicherheit zunächst die hinterlegten Konten. Dazu öffnen Sie die *Einstellungen* ► *Konten & Synchronisieren* und tippen auf *Google* ❶. Hier wählen Sie *Mehr* ❷ und dann *Konto entfernen* ❸.

Das Konto wird selbstverständlich nur von diesem Gerät gelöscht. Für Ihr nächstes Smartphone können Sie dasselbe Google-Konto wiederverwenden. Wenn Sie Daten auf Google gesichert haben, müssen Sie sogar dasselbe Konto verwenden, sonst haben Sie keinen Zugriff auf die Sicherungen.

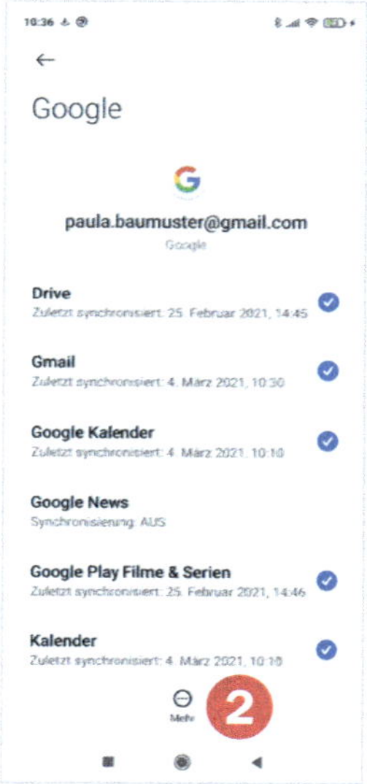

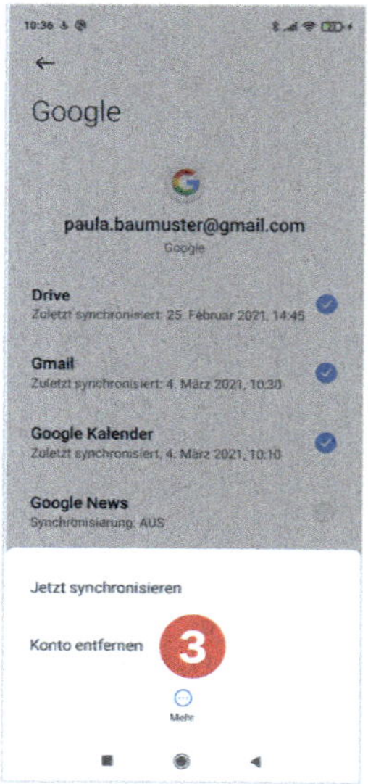

Auf Werkseinstellungen zurücksetzen

Öffnen Sie *Einstellungen* ▶ *Mein Gerät* ▶ *Auf Werkseinstellungen zurücksetzen* ❶. Sie erhalten eine Auflistung, welche Elemente gelöscht werden. Wischen Sie nach unten und tippen Sie auf *Alle Daten löschen*. Im nächsten Schritt haben Sie noch die Möglichkeit, diese Elemente zu sichern. Die Sicherung haben wir bereits auf Seite 149 erläutert. Wählen Sie anschließend *Auf Werkseinstellungen zurücksetzen*. Hier müssen Sie kurz warten, bis die einzelnen Schaltflächen aktiv ❷ werden. Erst dann können Sie diese Antippen und fortfahren.

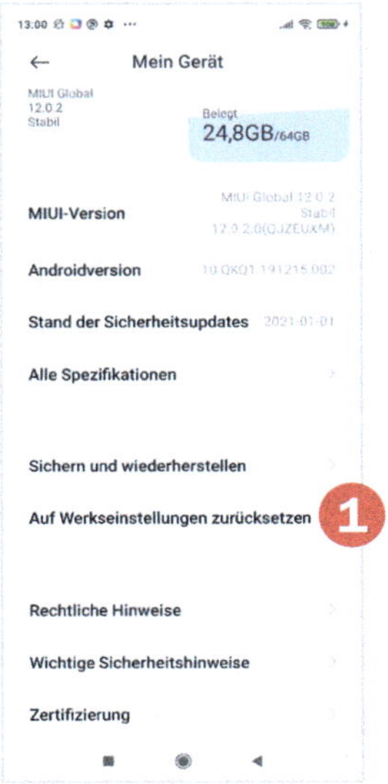

Glossar

Account	Englische Bezeichnung für ein Konto, z. B. ein E-Mail-Konto. Siehe Konto.
App (Anwendung)	Der Begriff App ist eine Abkürzung der englischen Bezeichnung Application, zu deutsch Anwendung oder Programm. Im Gegensatz zu herkömmlichen Desktop-Anwendungen wurden die Windows Apps speziell für die Arbeitsoberfläche von Windows 10 entwickelt und für die Fingerbedienung optimiert.
Bildschirm-Timeout	Wenn Sie für kurze Zeit nichts am Smartphone machen, dann wird der Bildschirm ausgeschaltet und das Handy automatisch mit dem Sperrbildschirm geschützt. Diese Funktion nennt sich Bildschirm-Timeout.
Bluetooth	Bluetooth ist eine Methode zur Datenübertragung via Funk über eine Distanz von nicht mehr als 10 Meter. Damit können Sie verschiedene Geräte kabellos miteinander verbinden, beispielsweise Ihr Smartphone mit Bluetooth-Kopfhörern oder einem -Lautsprecher, um Musik vom Handy zu übertragen. Durch Bluetooth können Sie auch Ihr Smartphone mit der Freisprechanlage im Auto verbinden oder mit einem anderen Smartphone.
Browser	Als Browser (engl. to browse = durchsuchen) bezeichnet man Apps, mit denen Sie im Internet surfen, z. B. Google.
Datenvolumen	Als Teil Ihres Vertrags für Ihr Smartphone wird Ihnen ein bestimmtes Datenvolumen für den laufenden Monat zur Verfügung gestellt, z. B. 1 GB (ein Gigabyte). Dieses Datenvolumen verbrauchen Sie, wenn Sie nicht mit einem WLAN-Netzwerk verbunden sind und im Internet surfen oder WhatsApp verwenden.

Chat	Als Chat bezeichnet man eine Unterhaltung bzw. einen Austausch von kleinen Textnachrichten über das Internet.
Chrome	Browser von Google, mit dem Sie ebenfalls Seiten im Internet anzeigen.
Cloud-Speicher	Als Cloud-Speicher bezeichnet man die Nutzung von Dienstleistungen wie Software und Speicherplatz über das Internet. Der Begriff „Cloud“ (zu deutsch Wolke) rührt daher, dass für die Nutzer der genaue Ursprung und Speicherort nicht nachvollziehbar und undurchsichtig („im Nebel“) ist. In der Cloud speichern bedeutet somit nichts anderes, als Daten nicht auf dem lokalen Speicher des eigenen Smartphones, sondern irgendwo auf einem anderen Computer im Internet zu speichern.
Display	Unter Display versteht man den digitale Anzeigebereich, also der Bildschirm. Auf einem Touchdisplay können Eingaben mittels Antippen erfolgen.
E-Mail	Eine E-Mail ist ein "elektronischer" Brief, der über das Internet versendet wird.
Emoji	Ein Emoji, übersetzt etwa Bildschriftzeichen, ersetzt insbesondere in Kurznachrichten, z. B. E-Mail und Chats längere Begriffe. Emojis können Gesichter bzw. Gesichtsausdrücke darstellen, aber auch Herzen, Gesten usw.
Facebook	Facebook ist ein soziales Netzwerk, in dem man sich ein Mitgliederprofil erstellen und damit Texte, Fotos, Videos etc. hochladen kann. Außerdem ist es möglich, Inhalte zu bewerten und zu kommentieren und sie mit anderen Nutzern zu teilen.
Galerie	Dient der Anzeige und Bearbeitung Ihrer Fotos und Videos. Die Galerie ist eine Samsung-App.

Gmail	App zum Empfangen und Versenden von E-Mails. Die Gmail-Adresse, die Sie bei der Einrichtung des Smartphones verwendet haben, ist hier bereits hinterlegt.
Google	Die Google-App ist kein Browser im engeren Sinne, obwohl Sie auch mit dieser Suchanfragen stellen und das Internet durchsuchen können. Darüber hinaus bietet sie noch weitere Funktionen, z. B. Zusammenstellung aktueller Nachrichten.
Google Assistant	Mit diesem Dienst steuern Sie Ihr Smartphone via Sprachbefehl. Sie können sich einen Witz erzählen lasse, nach dem Wetter fragen oder Ihr Smartphone beauftragen eine Person anzurufen.
Google Drive	Cloud-Speicher von Google. 15 GB kostenloser Speicherplatz steht zur Verfügung.
GPS	Global Positioning System (Globales Positionsbestimmungssystem) bedeutet, dass Ihr aktueller Standort ermittelt wird. Um Akku zu sparen, sollten Sie es nur aktiviert haben, wenn Sie eine App mit dieser Funktion nutzen.
Hotspot	Als Hotspot bezeichnet man einen öffentlichen Internetzugang, meist kostenloses WLAN, in das man sich einloggen kann.
Konto	Ein Konto wird im Internet zur Nutzung verschiedener Angebote benötigt, z. B. E-Mail oder in Form eines Kundenkontos beim Einkaufen im Internet. Zu einem Konto gehören immer E-Mail-Adresse und ein Kennwort. Die E-Mail-Adresse ist weltweit einzigartig und erfüllt eine ähnliche Funktion wie die Kontonummer eines Bankkontos.
Link (Hyperlink)	Als Link oder Hyperlink bezeichnet man einen Verweis auf eine Information, die sich an einem anderen Ort befindet. Ein Antippen eines Links genügt, um zu dieser Stelle zu gelangen. Auf diese Weise „surfen" Sie im Internet zwischen den unterschiedlichsten Seiten.

Malware	Als Malware, z. B. Viren, bezeichnet man eine Software, die entwickelt wurde, um in Systemen Schäden zu verursachen. Viren kann man sich unter anderem im Netz beim Surfen, beim Öffnen eines E-Mail-Anhangs etc. einfangen. Mit der nötigen Software kann man dem aber entgegenwirken.
Maps	Karten-App von Google, hier können Sie nach Adressen suchen und eine Navigation von Ort zu Ort durchführen.
Online/Offline	Online bedeutet, dass Sie mit dem Internet verbunden sind. Offline hingegen ist das Gegenteil.
Pixel (Megapixel)	Als Pixel bezeichnet man die Bildpunkte, die zur Darstellung auf dem Bildschirm verwendet werden. Die Auflösung eines Bildschirms gibt die Anzahl der darstellbaren Pixel pro Zeile und Spalte an. Eine Million Pixel bilden zusammen ein Megapixel.
Play Store	Hier können kostenlose aber auch kostenpflichtige Apps, Spiele, Filme und Bücher heruntergeladen werden. Dieser Store wird von Google zur Verfügung gestellt.
QR-Code	QR steht für Quick Response (schnelle Antwort). Ein QR-Code liefert Informationen, wenn man ihn mit dem Smartphone einscannt, z. B. Webadressen, Telefonnummern etc.
Router	Router sind kleine Geräte, die in einem lokalen, d. h. räumlich begrenzten Netzwerk die korrekte Übermittlung der Daten regeln und das Netzwerk mit dem Internet verbinden. Aus Sicherheitsgründen sollte jeder Router mit einem Kennwort gesichert werden.
Samsung Notes	App zum Speichern von Notizen, wie z. B. einer Einkaufsliste. Es gibt Notizen-Apps wie Sand am Meer, wenn Ihnen dieses nicht zusagt, installieren Sie einfach ein anderes.

Screenshot	Wenn man einen Screenshot macht, wird der aktuelle Bildschirminhalt abfotografiert und automatisch abgespeichert.
Scrollen	Als Scrollen bezeichnet man das horizontale und/oder vertikale Verschieben des sichtbaren Bildschirmausschnitts. Sie streifen dazu mit dem Finger über den Bildschirm.
SIM-Karte	Eine SIM-Karte ist eine Chipkarte, die ins Smartphone eingelegt wird. Ohne SIM-Karte ist das Telefonieren und das Versenden von SMS nicht möglich.
Standort	Wenn Sie die Standortermittlung zulassen, dann wird die Position Ihres Smartphones via GPS ermittelt. Viele Apps (Wetter, Google-Suche, Google-Maps, Fahrpläne etc.) nutzen diese Standortinformationen, um Ihnen passgenaue Informationen anzubieten.
Update	Sowohl Ihre Apps als auch die Software Ihres Smartphones erhält von Zeit zu Zeit Aktualisierungen, um Sicherheitslücken zu schließen, Fehler zu beheben, bestehende Funktionen zu verbessern oder neue hinzuzufügen.
WhatsApp	Schreiben Sie Nachrichten, versenden Sie Fotos oder telefonieren Sie mit der Familie mit Übertragung eines Videos. Diese App muss heruntergeladen werden.
Widget	Mit Widgets, beispielsweise die Wetter- oder Kalender-App, kann man sich eine Menge Zeit sparen, wenn man die Informationen einer App nur auf den ersten Blick abrufen kann. Widgets sind Apps, die man nicht öffnen braucht, um das Wichtigste zu sehen und man kann sie in verschiedenen Größen auf dem Startbildschirm anordnen.

WLAN	WLAN steht für Wireless Local Area Network, also ein kabelloses lokales Netzwerk. Für Zuhause haben Sie wahrscheinlich einen Router (Internetzugang über die Telefonleitung) oder ein Kabelmodem (Internetzugang über eine TV-Kabelverbindung) erhalten und eingerichtet. Mit diesem Gerät verbinden Sie Ihr Smartphone, aber auch den Computer, Laptop oder das Tablet und erhalten dadurch eine Verbindung zum Internet. Außerhalb eines WLANs verbindet sich das Smartphone über das Mobilfunknetz mit dem Internet (mobile Datenverbindung).
YouTube	Portal mit Videos zu fast allen Themen, kann kostenlos verwendet werden.
Zwei-Wege-Authentifizierung	Das ist ein zusätzlicher Sicherheitsschutz. Ein Account wird nicht nur durch ein Passwort geschützt, sondern durch eine weitere Abfrage.

Index

Z

Tso
4
Eichls